い人〟でも損しない生き方

鴨下一郎

青春新書
PLAYBOOKS

〝いい人〟のまま、得をしている人もいます。

損する人と、どこが違うのでしょう？

はじめに

突然ですが、この1ヵ月で、当てはまるものがいくつありましたか？

- □立ち回りのうまい人や、要領のいい人は好きになれない
- □自信にあふれた人の言うことは、つい信じてしまう
- □「なめられてる」「軽く扱われてる」と思う相手がいる
- □「断ればよかった」「言い返せばよかった」と後悔した
- □自分は悪くないのに、謝って事をおさめた
- □「エラそう」と思われたらイヤだと感じた
- □勇気を出して「ノー」と言ったけど、かえってモヤモヤした

いくつ当てはまりましたか？

チェックが多く入った人は、「わたしは自分の好き嫌いや損得で考えて自己主張したりせず、合わせるべきところは人に合わせる。でもそのために損をしてるかも」と思っているかもしれません。

「わたしはまじめだから、イヤな仕事も頑張ってやってるのに、要領のいいAさんは、『そんな仕事やりたくな〜い』なんて部長に猫なで声だして、楽な仕事ばかりしてる。評価はわたしと同じなんて、やってられない」というように、〝割を食ってる感じ〟を味わっている人は、実はとても多いのです。

愛嬌をふりまくことが苦手なうえ、無理を押しつけられたときに「ノー」と言えない、「わたしはこうしたい」とうまく伝える方法がわからない。そんな場合は、どうしたらいいと思いますか？

いつの時代も、他人よりも強く自己主張をする人、派手な言動をする人はいます。えてして、それは少数です。しかし最近は、その少数の人を多くの人が真似したり、追随したりしがちなようです。協調性よりも自己主張ということでしょうか。
しかしどうでしょう、それは華やかで格好いいことでしょうか?

いまさらいうまでもありませんが、震災後、時代は変わったし、価値観は変わりました。人生は、一人では生きていけません。**信頼できる人、尊敬できる人、理解しあえる人と、着実に良い関係をつくって生きていける人が、これからの時代はより幸せになるでしょう。そのとき、派手さや我の強さは、どれほど重要でしょう? 疑問に感じざるをえません。**

人と信頼を築いていくうえで、協調性は欠かせません。私たちは、自分にない(と思っている)ものを持っている相手をうらやみます。隣の芝生が青く見えるのは、人間の宿命なのですね。

しかし、**自分を「いい人すぎて損している」と思っている人には、協調性という真っ青でふさふさの芝生があるのです。**

他人をうらやむと、自分の持っているものを下らなく思いがちです。これは非常にもったいなく、危険な迷路への入り口になってしまいます。

だから、無理して「いい人をやめよう」とするのは危険です。

「人に嫌われたり波風を立てるのがイヤで、まじめで〝いい人〟になってしまう。そのせいでこれまでどれだけイヤな思いをし、損してきたか。こんな自分の弱さが昔からキライだけど、しょうがない」

と自分を卑下するのではなく、自分のよさを意識して強調したほうがいいのです。**協調性や、人へのやさしさをフルに生かしながら、必要な主張もする。最強なのはこういう人です。**

必要な主張ができなければ、残念ながら人に軽く扱われて、ナメられてしまいます。人生も世間もきれいごとではありませんから、この本では、そのあたりのことも書きました。

では、どのように協調性と主張のバランスをとるか。

ここから一緒に考えていきましょう。

心療内科医・医学博士　**鴨下一郎**

〝いい人〟でも損しない生き方　目次

2章　いまある素材を生かして「損しない自分」をつくる

3章　他人に一目置かれる人の共通点

4章　軽く扱われないために知っておきたいポイント

5章　たしかな自信をつけるヒント

6章 自分を守りながら快適に生きていくコツ

7章　主体的な〝いい人〟になろう

1章　「いい人をやめたい」と思っていませんか？

感じ方、考え方のシナリオをプラスに変えよう

ではさっそく、協調性と主張のバランスについて考えていきましょう。具体的にイメージがわきやすいように、この章では職場を例にとっていますが、ご自分の状況にあてはめて読み進めてください。

「Aさんより、わたしのほうがずっと仕事ができるのに、なぜ課長は正当に評価してくれないのだろう」というように、「なぜ、どうしてだめなの？」とマイナスの気持ちを持ち続けていると、現状を変えることはなかなかできません。「いつか必ず、わたしのよさをわかってもらえる」というプラスのシナリオに変えてみましょう。

人に好印象を与える人、頼りにされる人、一緒に仕事をしたいと思わせる人たちは、「わたしを選ぶと楽しいことがいっぱいありますよ」と、無言のうちにアピールしているものです。その人の持ち味や魅力がオーラのように相手に伝わる、という感じでしょうか。

そういう人が、たとえば１００メートルの競走をしたとすると、ゴール直前でグッと胸

を突きだし、居並ぶライバルに差をつけてゴールテープを切るに違いありません。

目の前のゴールテープをどちらが先に切るかという大切な場面で遠慮などしていたら、手に入るはずの勝利も手に入れられません。それまで必死に走ってきたのは「勝つ」ためなのですから、「わたしに勝たせて」と自己主張することは、道理にかなっています。

仕事でも、同じことがいえるのではないでしょうか。

自分よりも仕事の能力で劣っているように感じられるAさんのほうが課長に高く評価されているのだとしたら、そこにはやはり、それなりの理由があるはずです。その理由が何なのか、もう一度、曇《くも》りのない目で確かめてみることが必要でしょう。

Aさんは、単に愛嬌をふりまいているだけの「軽い人」ではなく、人の心をつかむことが上手な「コミュニケーションの達人」なのかもしれません。仕事ができないのではなく、要領よくこなす力を持った人なのかもしれません。そうした長所や個性が高く評価されるのは当然のことです。

Aさんは Aさん、あなたはあなた、というように、それぞれ別の持ち味があるはずです。自分の持ち味、長所、魅力はどこにあるのか、そこにこそ目を向けるべきでしょう。

自分の考え方の「クセ」を知る

ものごとの解釈や受け止め方は、一人ひとり異なります。職場で何かアクシデントが起きたとき、その責任は誰にあるのかという判断も、人によってまるで異なる場合が多々あるのです。

こんな場面を想像してみてください。会議中に、上司がコーヒーの入った紙コップをうっかり倒してしまい、大事な書類を汚してしまいました。コップの底の一部が書類に乗っていたためです。上司がもっとよく気をつけていれば、コップを倒すようなことはなかったでしょう。でも、コーヒーを配った部下にしてみれば、「わたしが書類の上にコップを置いたから、こんなことになってしまった」と慌てている。

こういう自罰的なタイプの人は、何が起きても、すべての責任は自分にあると思いがちです。いっぽう、同じ状況下にあっても、まったく違う受け止め方をする人もいます。「わたしのせいじゃない。課長が不注意だったのだ」と思う人は、他罰的なタイプです。

そしてもう一つ、異なる解釈のしかたがあります。それは誰を責めるでもなく、無罰的な受け止め方です。「コップに横から力が加われば倒れやすい。だから誰のせいでもない。さ、早く後片付けをして会議を続けよう」というように、さらりと対応できる人もいるのです。

自罰的な人は、コピーがうまくとれなければ、自分の操作が悪いせいだと自分を責めます。他罰的な人は、「この忙しいときにコピーなんか頼むほうが悪い」と上司を恨みます。無罰的な人は、コピー機の性能に問題がないかどうか原因を追求するでしょう。

あなたはどのタイプなのか、考えてみてください。自分のタイプを知っておくと、他人のことも理解しやすくなります。「課長はわたしと同じで自罰的なタイプだから、いろいろ背負いこんでしまっているんだな。その鬱憤のはけ口が、たまたま運悪く、わたしに向けられただけ」と解釈すれば、嫌な気分を引きずることがなくなります。

すると、人間関係に変化が訪れます。上司が自分のミスを棚上げして部下を責めているようなときにも、「部下のせいにしないと、自分の責任を問われそうで怖いのだろう」と、許す気持ちが生まれてきます。気持ちにゆとりがあれば、上司の怒りをうまくかわすこともできるでしょう。

〝モヤモヤ〟したら、正面から向き合ってみる

人間というものは、他人の姿はよく見えても、自分の姿となるとまるで見えていないことが多いので厄介です。

「うちの課長って、ほんとに会社人間だな。あそこまで会社に滅私奉公しているなんて哀れだよ」とさげすんでいる課長の姿が、実は自分とそっくりだったりすることも少なくありません。自分ではそう思っていなくても、他人の目にそう映っていることはあるのです。

自分が抱いている自分のイメージと、客観的に見た自分の実像があまりに大きくかけ離れてしまう前に、ぜひやっておきたいことがあります。

ストレスと向き合うのです。「最近、肩こりがひどい。仕事でストレスがたまっているせいかな」で終らせてしまわずに、「課長といると、ついお世辞を言ってしまう自分がいる。その気疲れが肩こりの原因かもしれない」と分析してみるのです。

すると、それまで気づかなかった自分、上司におもねっている自分、プライドを捨てて

上司に滅私奉公している自分……といった実像が浮かび上がってきます。自分では認めたくなくても、認めざるを得ない実像に向き合うことが、心の分岐点となります。

本来の自分を取り戻すために、「心にもないお世辞はもう言わない」と方向転換をはかるべきです。

あるいは、「心にもないお世辞を口にしている自分」を自覚したうえで、現状維持をはかるという選択肢もあります。「お給料も悪くないのだから、この会社にいるのが一番いいのかもしれない。結婚したらマイホームを持ちたいし、子供にはきちんとした教育を受けさせたい。そのためにも、もうしばらく頑張るか」と目的意識がはっきりすれば、気持ちの整理がつきます。

気遣いを強いられる上司と一緒に過ごす時間が長くても、なぜ疲れるのか理由がわからないままストレスに悩まされるのとはまるで違ってきます。「今日もたっぷりお世辞を言ってやった。あれでいい気分になれるのだから、課長も単純だな。扱いやすい上司でよかった」と、表面上は相手に合わせ、心の中で舌を出していればいいのです。

こういう前向きな面従腹背は悪くないと、わたしは思っています。

やらなくていい仕事は「カラ返事」でいなす

「君だから頼めるんだ」と言われて、誰もやりたがらない仕事を押しつけられるということはありませんか。嫌だなと思っていても、なんとかやりきってしまうので、ますます便利に使われてしまう、なんてこともありそうですね。

自分がやるべき仕事、やらなくてもいい仕事、この2種類をきちんと区別しないと、体がもたないだけでなく、心もストレスまみれになります。

仕事の重要度を見抜くことをせず、上司に言われるままに何でも引き受けていると、まるで便利屋のように扱われている自分に嫌気がさすことになるでしょう。

上司が自分の都合で押しつけてくる仕事については、「はいはい」と、とりあえず引き受けておき、そのまま放っておいて構わないのです。しばらくして上司が「あれ、どうなった？　まだやってないの？」と催促してきたら、それも「はいはい」で受け流しましょう。

「そんなことをしたら人事考課に響かないかな？」と心配する気持ちはわかります。しかし、あなたがやるべき仕事をきちんと果たしていれば、やらなくてもいい仕事を押しつける上司のそのまた上司、つまり会社の上層部は正しい評価をしてくれるはずです。「それは彼女にやらせる仕事じゃないだろう。キミはいつもそんなふうに、自分の勝手な都合で部下に仕事を押しつけているのか？　管理者として失格だな」と一喝され、問題の上司は自ら墓穴を掘る結果になるというわけです。

気まぐれでご都合主義の上司はたいがい、あなた以外のほかの人にも同じように、本来頼むべきではない仕事を押しつけているものです。そんなとき、「それはわたしがやる仕事ではないと思います。何もかも押しつけるのはやめてください」と真っ向から抵抗すれば、相手も気色ばむでしょう。ですから、せめてカラ返事だけはしておくとよいのです。

いずれ上司も気づきます。「あいつは返事ばかり調子よくて、実際に動いてくれないな。他の人に頼むか」

これであなたは押しつけ仕事から解放されます。「はいはい」のカラ返事は、「ご都合主義の押しつけには従いません」というメッセージを無言のうちに伝えることができるという点で、最良の「いなし術」なのです。

「一番でないと気がすまない人」をかわす方法

昔は、どこの会社にも一人は「ガキ大将」タイプの上司というのがいたものです。声が大きくて、ちょっと乱暴で、何事も自分が率先してやらないと気がすまず、その代わり人の面倒見がよいので、みんなに頼られている、というタイプの人です。

今の時代でいえば、退社時間が近づくと、「おーい、飲みに行くぞ。みんな行くだろ？」と大声をとどろかすような上司がそれに当たるでしょうか。

こういうタイプの上司はきっと、みんなのまとめ役を果たしているつもりなのでしょう。酒でも飲みながら親睦をはかり、悩みがあれば相談に乗ってやろうと思っているのです。

ところが部下にしてみれば、早く家に帰ってゆっくりしたいというときだってあります。しかし上司の誘いを断るわけにもいきません。

仕事に直接関係のない誘いを断ったくらいで嫌われる道理はないのですが、「ガキ大将タイプ」の上司は有無を言わせぬ強引な性質であることがほとんどですから、素直に従わない部下はどうしたって、オフィスでの居心地が悪くなります。何かにつけて、「このまえ焼き鳥屋でも話したことなんだけど」とか、「みんなで集まる飲み会にも来ないやつにはわからないと思うが」などと、チクリチクリ皮肉を言われそうです。

そんな上司に対抗するには、昔ながらの処世術に従うことをおすすめします。上司の誘いにはできるだけ嬉しそうに応じ、相手を祭り上げておくのです。不本意なことではあっても、それもせいぜい週に一度のことです。

上司といえども、サラリーマンの懐具合を考えれば、毎晩のように何人もの部下を引き連れて飲みに行くのは無理でしょう。といって割り勘にするのは上司の沽券《こけん》にかかわりますから、多くても週に一度が限界なのです。

そうやって自腹を切ってまで部下をもてなしてくれるのですから、考えようによっては、とてもありがたい上司だともいえます。

そのうえ、面倒なことが持ち上がったときには、「みんな頼りにしているんですから、課長が解決してください。お願いします！」と矢面に立たせることができます。

正面きって対抗しようとすれば厄介な相手でも、目先を変えて「巻かれる」ことにしてしまえば、もうそれほど煩わしい存在ではなくなります。

暴言を吐く人を黙らせる

「これだから、女は使えない」などと、あからさまに嫌味を言ったり、「おまえは給料泥棒だ」と暴言を吐く上司というのは、実は根は単純な直情型で、思ったことをそのまま口にしているだけです。

人の心の動きを察することが苦手なタイプなんですね。

そういう上司には、プレゼント作戦が抜群に効きます。バレンタインデーや誕生日のお祝いを渡すだけで、あっけなく陥落するのがこのタイプです。

根が単純なだけに、些細なプレゼントで一気に負の感情が払拭されてしまいます。部下から好感を持たれているとわかったとたん、嫌味を言うことも、罵詈雑言も吐けなくなるのです。

ただし、特定の上司に何度もプレゼントを贈ると、とんでもない誤解を招く場合がありますから、前もってきちんと説明しておくのがよいでしょう。

「義理チョコですけど、課長にはいつもご面倒をおかけしていますので、少し大きいのにしておきました」

「マンションの大家さんに庭のバラをいただいたので、お誕生日に一本おすそわけです」というように、「あくまで義理の範囲」「わざわざ買ってきたわけではない」と伝えておくとよいでしょう。

プレゼント作戦の効き目があったところで、さらに一歩進んでみるのも悪くありません。上司を交えた飲み会などで、さりげなく情報収集をしてみましょう。「課長はお休みの日は、いつもどう過ごしていらっしゃるんですか？」と水を差し向けてみるのです。そこで課長が、趣味でやっている野球のことなど話してくれたら、だいぶ印象が変わるのではないでしょうか。

「課長は学生時代からずっと体育会系のノリできたから、言葉遣いも荒っぽいんだな」、そんなふうに思えてくるかもしれません。

時には、「ばかやろう、何やってるんだ」と怒鳴られることがあっても、「はいはい、わかりましたよ」と笑って受け流せるようになっていけるといいですね。

しつこい相手と折り合うツボ

すでに決着がついたはずの過去の問題を持ち出し、まるで昨日のことのように文句を言う上司もいることでしょう。そんな粘着気質の上司と組んで仕事をするとなると、ちょっとした業務の手配をするのもひと苦労です。

「おーい、今日は○×ホテルでお得意さんと会って打合せだぞ。この件の担当者と担当課長の2人に必ず来てもらえるよう、先方に確認の電話を入れておいてくれ。時間は3時だぞ。この前みたいに間違えないでくれよ。場所はホテルのティールームだからな、店の名前も正確に伝えろよ」と細かい指示を何度もくり返されてしまうのです。

一度言われればわかるのに、しばらくするとまた、「時間、3時ってちゃんと伝えたよな？」と、うるさく言ってくることもあるでしょう。

これでは誰だって、うんざりします。でも上司に向かって、「しつこいぞ」と言うわけにもいきません。「さっき伺ったのでわかっています」などと言おうものなら、粘着度はさらに増します。「だったら俺が指示したことをここで全部言ってみろ」先方とおちあう店の名は？ 時間は？ ほら、正確に言ってみろ」と、そんなことになりかねません。それで些細な点でも間違えれば、鬼の首でもとったかのように、「ちっともわかっていないじゃないか」と、やりこめられるでしょう。

粘着気質の上司にあたってしまったら、そういう人なのだと受け止め、つきあっていくしかありません。それでも、粘着度をいくぶんか弱める方法はあります。

同じことをくり返し言ってきたら、おとなしく聞いているふりをしながら、ほかのことを考えてやり過ごし、話が終ったところで、「はい、わかりました。そのようにしておきます」と返事をしておけばいいのです。

粘着気質の上司にもいい点はあります。指示されたことを忘れてしまっても、1時間もすればまた同じ指示をくり返してくれるのですから、ボイスレコーダー代わりに便利に使っていけばいいのです。そうすれば、粘着気質のうっとうしさも半減します。

ただし、指示されたことを確実にこなす努力を怠ってはなりません。

「しつこいなあ」と上司にうんざりする前に、自らの行動に慎重を期すことが大切です。

意外にコントロールしやすい〝エラそうな人〟

部下の意見を積極的にすくい上げ、活かしていこうとする「ボトムアップ型」の理想的な上司がいるいっぽう、部下の言うことにはまったく耳を貸さず、ひたすら部下を従わせようとする「トップダウン型」の傲慢な上司もいます。

トップダウン型になりがちなのはたいてい、学歴やキャリアに過剰な自負心を持っている人です。

一流大学を卒業後、海外留学をしてMBAを取得していたり、大学院の修士課程、博士課程を修了していたりして、「自分は人の2歩も3歩も先を行っている」と思いあがっている。だから部下の意見に対しても、「そんなことは、とっくに織り込みずみなんだよ。わかっちゃいないな」と、ぞんざいな対応になってしまうのです。

そんな上司と張り合っても「負け」を見るだけです。

それよりも、部下にとって都合よく動いてくれる上司であってもらうほうがよい、と思いませんか。

自信たっぷりで傲慢な上司というのは案外、御《ぎょ》しやすいのです。

御し方というのは、とにかく相手の優秀さを褒め上げることに尽きます。一流大学、大学院、海外留学、ＭＢＡなど、材料はいくらでもあるでしょう。

人を持ち上げることで自分の価値が下がるというわけではありませんから、卑屈にならずに、堂々と褒め称えていけばよいのです。

仕事上のことで何かわからないことがあったら、謙虚な態度で質問を投げかけ、「なるほど、そういうことなんですか。さすが課長ですね、すごい」と感心してみせればいいでしょう。

これで上司と部下の連携プレーは円滑にいき、無理難題を持ちかけられることもありません。

ましてや、実力以上の期待をかけられてプレッシャーに押しつぶされる心配もありません。

傲慢な人の深層心理を知ろう

トップダウン型のコミュニケーションになりがちな上司として、前述の高学歴・高キャリアのエリートタイプとは別に、現場でたたきあげた職人タイプの人も数多くいます。

職人タイプの上司は、会議室で理論や理屈をこねまわしていたって何の足しにもならない、と頑《かたく》なに思い込んでいる傾向があります。

「仕事を覚えるには現場、現場。それしかない！」という感じで、現場へ足を運んで実地見聞することを最優先したがります。

そんな上司とうまくつきあっていくには、彼ら特有の強烈なプライドをくすぐることが得策です。

「俺は人の何倍も歩き回り、靴をすり減らして、営業の極意を身につけた」と自負している上司に対しては、たとえばこんなふうに言ってあげるといいのです。

「先ほどのお客さん、最初はとりつく島もないという感じだったのに、いつの間にか課長の話に聞き入っていましたね。すごい営業テクニックだと思います。感動しました」

この一言で、上司との関係はがぜん良好になります。

それは、ただ相手をヨイショするだけのイエスマンになることとは違います。上司の仕事のノウハウを積極的に学び、どんな点が素晴らしいのか、自分の言葉で表現できるようになっていくことです。

経験至上主義の上司というのは、ともすると理性的な思考や論理的な説得力といったものに欠けるきらいがあるのですが、そんな上司に「ないもの」を自分のものとする訓練になるわけです。

自分とは異なるタイプの上司についたときこそ、自分に「ないもの」を獲得するチャンスです。上司に取り入ることを目的とするのではなく、自分の能力と可能性を広げることを最終目的にしておけば、どんな上司からも学ぶことができます。

ケチをつけたがる人の〝心の裏〟は……

企画会議や営業会議で、いくら意見を述べてもことごとく反対されていれば、落ち込みもするでしょう。しかも、反対の声をあげるのがいつも決まって同じ上司だったら、ストレスはいやが上にも増すでしょう。

「どうしていつもわたしの言うことにだけ反対するのだろう。まるで狙い撃ちされているみたいだ」……これは深刻な事態です。会社を辞めたいとまで思いつめてしまうこともありそうです。

しかし、そういうときこそ冷静にならなければなりません。

問題の上司が反対しているのは、あなたの意見に対してだけなのでしょうか。おそらくは、誰の意見に対しても一言二言、異を唱えているのではないかと思われます。

「自分は知恵も能力も経験もあって仕事ができる」と自負している上司は、部下がどれほど素晴らしい意見を出しても、100パーセント賛成するということはまずありません。何に対しても、自分の優位性を見せつけずにはいられないところがあるのです。

「わたしだけじゃなく、みんなどこかしらケチをつけられている」

それが見えてくると、ストレスもぐっと軽減されます。

冷静によく考えてみれば、上司が反対意見を述べ立てていたのは枝葉末節の部分についてであって、大筋では賛成していたということもあるのではないでしょうか。

だとすれば、それは反論というほどのものではなく、上司が自分の存在感を示したいがためにケチをつけているだけ、と解釈してよいでしょう。

そもそも、まがりなりにも反論があったということは、あなたの意見や提案が聞くに値するしっかりとしたものであったというよい証拠です。

苦手な人と上手に距離をおくには

上司とは仕事のつきあいだけにとどめたいのに、プライベートのことにまで干渉してこられると、うっとうしく感じますよね。そんな上司を無視したり、はねつけたりすると、今度は打って変わって、意地悪をされるということもあるので要注意です。

私生活に踏み込ませないためには、意識的に距離をとるほかありません。

その第一歩として、朝、会社で挨拶を交わすときは、「おはようございます」の一言だけと決めましょう。

必要以上に会話をつなげないこと、会話をそらすことで、「これ以上は親しくなりたくない」という意思を伝えることができます。

重要なのは、さじ加減です。あからさまに拒絶するのではなく、「昨日、仕事帰りに飲みに行っただろ?」などと声をかけられたら、「母に頼まれた用事がありましたので、まっすぐ家に帰りました」と一言だけ答えて、会話を打ち切ってしまう。その程度がちょうどよいと思います。

相手の目をしっかりと見て、「これ以上は踏み込ませませんよ」ということを眼力で伝えれば、「仕事の命令は聞きますが、それ以外の関わりは拒否します」という固い決意が伝わります。

つけ込む余地がないとわかれば、相手は次第に寄ってこなくなります。

女性の場合、ランチタイムは仲の良いグループが連れ立って食事に出かけることは多いでしょうが、気の合う者同士ならまだしも、なかには敬遠したい人もいることでしょう。

そうした場合は、ランチに誘われても無理につきあうことはありません。仲間はずれにされることが心配なら、3度に1度はつきあうという方法があります。

「今日はお弁当を持ってきたから、一人で食べるわ。明日また一緒にランチしましょ」

「お昼休みに銀行に行かなきゃいけないの。悪いけど今日は、みなさんだけで行ってきて」

という断り方なら角が立ちません。

向こうも、「○○さんは、一人で食べるほうが好きなのね」と察してくれるでしょう。お昼どきになると、「じゃ、わたしたち行ってくるからね」と、お互いにわだかまりなく、別行動がとれるようになります。

悪口を言いふらされたとき

昔は井戸端、しばらく前までは会社の給湯室が、他人の噂話や悪口で盛り上がる格好の場所でした。今はパソコンや携帯電話のメールで噂話や悪口が飛び交う時代です。

ある管理職の女性は、部下に何事か注意をするたびにメールで悪口を言いふらされ、ほとほと困っているようでした。「口うるさい」「こまかすぎる」「上司に取り入っている」「服装のセンスが悪い」「化粧が濃い」というもので、これも一種の風評被害です。

しかし、誹謗中傷の対象になるということは、それだけ存在感があるということです。いるのかいないのかわからないような影の薄い存在なら、悪口の対象にすらなりません。部下はその確固たる存在感に対抗しようとして、悪口メールを広めているにすぎないのです。

所詮は子供じみた行いなのですから、目くじらを立てるほどのことはないという気がします。「勝手におやりなさい」と、どっしりと構え、高みから見下ろしていればいいのです。

つぶそうとすれば、かえって次から次に湧いてくるのが噂話や悪口です。モグラたたきのモグラのようなものです。気にしはじめたらきりがありません。

どうしても気になって仕方がないという場合は、噂話や悪口が広まるルートを逆手にとって、部下に対する「褒め言葉」を流していくという方法がおすすめです。部下に向かって直接ほめるのではなく、他人の口を借りて、ほめ言葉が届くようにするわけです。

「○○さんは最近、企画書のまとめ方がとても上達した」

「××さんは、会議で発言するときにとても説得力のある話し方をする」

というように、部下の長所やすぐれた能力を積極的に見いだして、機会あるごとに吹聴していくといいのです。

面と向かってほめられるのはうれしいものですが、他人を通じてその褒め言葉を聞かされれば、うれしさもひとしおです。

直接ほめ言葉をかけられても素直に喜べない人、何か裏があるのではないかと疑ってしまう人もいますが、自分の知らないところで褒めてくれる人がいたと知った場合には、言葉を言葉どおりに、ストレートに信じるものです。

〝水かけ論・押し問答〟になってしまったら

仕事でペアを組んでいる同僚がたびたび伝言を間違え、業務に支障が生じて困っているということはありませんか？　問いただしてみると、「言った、言わない」の水掛け論、押し問答になってしまうといったことはないでしょうか。

そうした人物のミスを指摘し、責任を追求しても、事態をさらに悪化させるだけです。あくまで自分は正しいと言い張るタイプの人は、実は自分に自信がなく、相手に対する劣等感を抱いているか、ともすると強いライバル意識を抱いているために、わざと喧嘩をふっかけるような傾向があるからです。

そんな状況を切り抜けるには、過去の失敗にこだわらず、「お互い、これから気をつけましょう」とサラリと伝えるのが一番です。これなら相手の心を逆撫でせずに済みます。

もう一つ気をつけたいのは、水掛け論の押し問答をくり返す当事者同士は、同じタイプであることが多いということです。似たもの同士が、互いに互いを見張っているような緊張関係なのです。

周囲から見れば、両者どっちもどっちの「いい勝負」で、片方が一方的に文句を言うのは筋違いと映っているのです。

仮に、周囲の反応が「あなたが怒りたくなるのも無理ないわ」というものだったら、それほど問題はありません。しかし、「そんなに怒ることはないでしょう」という声が多いようなら、「どっちもどっち、似たもの同士」の関係なのかもしれないと疑ってみる必要があります。

相手を責めたくなる思いはいったん脇に置き、日頃のやりとりを見直してみましょう。相手を咎《とが》めるときの口調が、お互いによく似ているということはありませんか。「なぜ、こんな簡単なことを間違えるのよ」というように、いつも自分が言っているとおりのことを、相手も口にしているということはないでしょうか。

そこに気づいたら、問題はもう解決したようなものです。何かちょっとしたミスをしたときに、言い訳をせず、「わたしが間違えたせいで迷惑かけちゃった」と相手に伝えるのです。相手にとっては予想外の展開のはずですが、それがきっかけとなり、二人の関係は以前と比べものにならないほど良好になっていきます。

〝割に合わない〟ときの逆転の考え方

新入社員は若々しくて元気いっぱいなので、往々にして、上司の世代には受けがよいものです。しかし、若い人は社会経験が浅く、仕事の面でもまだ一人前ではありません。社会生活を送るうえで絶対に必要な「責任感」に欠けていることもあります。

となると、何かにつけて先輩のあなたが面倒をみなければならず、割の合わない思いをさせられているかもしれません。

仕事の期限ぎりぎりの土壇場になって「先輩、間に合いそうにないんですけど」などと泣きつかれたら、いやでもフォローに回らなければならないでしょう。帳尻あわせ、尻ぬぐい、といった損な役回りを強いられていても、その苦労を上司はちっともわかってくれない、ということもありそうです。

そんなとき、こう考えてみたらどうでしょう。いつも土壇場でフォローしなければならなくなるのは、その後輩に分不相応な仕事を任せていることが原因なのでは、と。

たとえば、資料をまとめてくれるように頼んでも、いつもどこかに必ず不備があるということなら、資料まとめの作業はあなた自身がやり、後輩にはその補助作業して、必要な部数だけコピーしてホッチキスでとめることをやってもらうだけでもいいと思うのです。そしてその仕事をこなせたら、「ありがとう。20部きちんと揃ってるわ。さすがじゃない」とほめる。たかがコピーとりくらいでおおげさなと思っても、ともかくほめてやってください。

「そんなことはできて当たり前」という感覚は、いったん頭から消し去りましょう。どんな些細なことであっても、やり遂げた仕事に対して「さすが」と評価をしてあげることで、人は育っていきます。

「やって見せて、言って聞かせて、やらせてみて、ほめてやらねば、人は動かず」というのは、連合艦隊司令長官だった山本五十六の言葉です。手本を示してやり方を教え、本人にやらせてみて、その結果をほめることが、人を動かす極意だというわけです。

新入社員を育てるときも、このくらいの丁寧さと我慢強さが必要なのです。

何もできなかった後輩を一人前に育てあげれば、社内におけるあなたの評価はがぜん高まります。

「お天道さまが見ている」の本当の意味

仕事上のトラブルで自分に責任がおよびそうになると、平気で部下に責任を押し付ける上司がいます。そんな責任転嫁の常習犯と顔を突き合わせていれば、いつ被害にあうかわかりません。

そういう上司には、どんなスタンスで接したらいいのでしょうか。無責任上司だからといって、自分も無責任な態度で応じていれば、いずれは周囲から「同類」とみなされます。ですから、仕事でも人間関係でも誠実を貫くのが一番なのです。誰に責任があるかは、まともな人が見れば明らかです。上司が責任逃れのための言葉を弄《ろう》せば弄すほど、見苦しさが際立ちます。

それに対し、あなたはつまらない言い訳などせず、理不尽にも責任を押し付けられた状況を堂々と受け入れていれば、周囲は心の中で「拍手」を送ってくれるに違いありません。

日本には「お天道さまが見ている」という言葉があります。「誰が正しく、誰が邪《よこしま》なことをしているかは、最終的には必ず正当に判断される」という意味ですが、事実、よくよく観察していると、世の中はその言葉のとおりに回っているのです。

それでもやはり悔しさが残ってしかたがないというときは、他罰の精神で乗り切りましょう。

悪いのは無責任上司のほうなのですから、「自分は正しい。間違っているのは、あいつのほうだ！」と心に言い聞かせればいいのです。自分は100パーセント間違っていないという確信があれば、さほどストレスは感じなくなるものです。

大きなストレスがかかってくるのは、心から信頼していた上司が実はとんでもなく無責任だったとわかったときでしょう。

そうした場合も、上司の責任逃れを追求するよりも、人を見る目がなかった自分に一分の非があると潔く認めることで、心はだいぶ楽になります。

そしてそのあとは、いつもどおりの態度で上司に接していくのがよいのです。

上司に裏切られ、責任転嫁されてもなお堂々としている人は、周囲から目置かれる存在になります。

「相手の中にある〝いい部分〟とだけつきあう」で良い

機嫌がいいときは好人物なのに、些細なことで突然、部下に当たりちらす上司に出会ったことはありませんか？

そういう気分屋の人はあまり出世しないものですが、それでも主任や係長クラスにはけっこう、このタイプの人がいるものです。

自分の上司がどんな気質なのか、分析してみましょう。

人の心の中には、おおまかにいって3種類の異なった気質が混在しています。

・ふだんは、仕事に一途に取り組む真面目な気質
・気分のいいときは、陽気で人なつっこい気質
・時として、攻撃的な気質

というように、まったく異なる気質が入れ替わり立ち代わり顔を覗《のぞ》かせるわけです。そのすべてに対応しようとすれば、翻弄されて疲れるだけですが、あなたが比較的つきあいやすい部分もあるはずですから、その好ましい気質とだけつきあえばいいのだ、と割り切って対処しましょう。

たとえば、上司からメールで「お得意さんのところへ行く前に、駅で3時に落ち合おう」と指示があったので急いで駆けつけると、上司がなかなかやってこないということがあったとします。電話で連絡をとったところ、先ほどのメールのことなどすっかり忘れている様子で、逆に怒られてしまった。でも証拠はメールに残っています。それを上司に見せて誤りを指摘すれば、気分はさぞ晴れるでしょう。しかし相手を追いつめれば、怒りをあおることは必至です。

上司の機嫌がよく、陽気で人なつっこい気質が勝っているときなら、それとなくメールの件を持ち出してもいいのです。「ごめん、ごめん。俺の勘違いだった」と、よい反応が返ってくることがほとんどでしょう。

大切なのは、タイミングです。相手の中にある「いい部分」が表に出ているときを見計らって、こちらの主張を持ち出すようにしましょう。

思いきって刃向かってみる

上司の指示どおりに仕事を進めているのに、思うような成果が上がらないと部下に責任をなすりつける、そしてなおも無理難題をふっかけてくる。そんな状況に追い込まれたとき、思いきって上司に刃向かってみる、というのも一つの方法です。

「お言葉ですが課長、わたしはこうしたほうがいいと思います。現場のみんなもわたしと同じ意見です」

と一発かましてみてはどうですか。

おそらくは心臓バクバク状態、血圧も急上昇して、握りしめた手の平は汗でぐっしょり、となることでしょう。それでも、ふだんおとなしい部下がいきなり反撃に出たら、上司はあわてふためき、返す言葉もありません。

目に余る上司の無理解、横暴などに困り抜いている人が、せっぱつまった状況下で、やむにやまれぬ気持ちで発した言葉には、有無を言わせぬ力があります。

「きみの意見はよくわかった。検討してみるから、少し時間をくれ」

というように、上司をいったん引き上げさせてしまいましょう。

言葉は武器になるのです。上司の言いなりになるだけだった弱者の立場から、上司と対等に意見交換ができる立場に格上げされます。上司と部下の力関係が一瞬にして逆転する場合だってあります。

しかし、頭にくることがあっても言い返せない人、我慢の限界まで沈黙を押し通している人は、ついにはキレて、上司に怒鳴ったり、殴ってしまうことさえあるのですから要注意です。

実際に手をあげてしまえば、こちらの負けです。減給、降格、あるいは解雇でしょう。そんな最悪の事態を招く前に、言葉で頭突きをかますことのほうが、よほど賢いやり方です。

自分と会社の関係を見直してみる

自分と会社の関係性について、客観的に分析してみると、意外な事実に気づくことがあります。

・自分はどのような動機でこの会社に入ったのか
・実力で入ったのか、人脈を利用したのか
・今、自分は社内でどのようなポジションにいるのか
・会社から何を期待されているのか
・何をどうすれば業績が上がるのか

そういった諸々について、可能なかぎり「客観的に」分析し、頭の中を整理してみてください。主観によらず客観的に考えるために、他者の意見を聞くことが必要となってくるでしょう。古くからの友人に、「ぼくが就職活動をしていたとき、どんなことを言っていたか、もし覚えていたら教えてくれないか」と頼んでみてはどうでしょう。あなたが忘れ

ていた事実を思い出させてもらえるかもしれません。

就活の際に使った履歴書の控えがあるなら、それを見ながら、あの頃の自分はどんな気持ちでいたのか、この会社を志望する理由としてどんなことが書かれているかなど、もう一度読み返してみるのも効果的です。

そういう手続きを経て初心に返ることで、「自分もけっこういいこと言っているじゃないか」とか、「当時の自分と今の自分はまるで違ってしまった」「目標を見失っている」など、さまざまな「気づき」を得られます。

自分と会社、それぞれが求めているものの違いに気づくこともあるでしょう。そうなってはじめて、自分はこれからどのような働きをしていったらよいのか見えてきます。

同僚、先輩、上司と良好な関係を築いていくことも大切ですが、自分はどのような職場で、どのような働き方をしていきたいと望んでいるのか、もう一度じっくりと考えてみませんか。

いやいや仕事を頑張るのではなく、喜んで仕事ができるように、新たな環境に飛び込んでいくという選択肢もあるのです。

グチは小分けにして人に渡そう

グチをこぼしたいとき、家族や友人に聞いてもらえると、とても助けになります。

しかし、30分も1時間も延々と聞かされたのでは、相手はたまったものではありません。うんざりして、まともに取りあってくれないようになるでしょう。

グチを言うなら、できるだけ短く、さりげないほどいいのです。1時間かけてくどくど言うよりも、1分間だけ、「自分は今、会社でこういう状況にあってしんどい思いをしている」と、つぶやくように、相手に負担をかけないように伝えるといいのです。

そうすると、相手も親身になって聞いてくれます。言った当人も「聞いてもらってよかった」と思えるはずです。

もう一つ大事なことは、誰か一人にすべてを聞いてもらおうとするのではなく、4人か5人に少しずつ、聞いてもらうようにすることです。

一人につき20パーセントを聞いてもらえば、5人で100パーセントになります。心にたまったストレスは20パーセントずつ軽くなり、トータルで１００パーセントの解消効果が見込めます。

つきあってくれる人のほうでも、「小分けされたグチ」ならつきあいやすく、あなたのつらさ、しんどさを理解し、励ましてくれます。

ついでにもう一つお話ししておくと、「グチや弱音を吐いてはいけない」ということはありません。時には人の悪口を言っても構わないのです。

心の負担を軽くし、ストレスから解放されるためにグチや悪口を言っているのだと、自分で意識していればいいのです。心療内科では、これを「オブザービング・セルフ（観察する自分）」といいます。

客観的な視点から自分を観察しているもう一人の自分がいれば、ただグチや悪口を言って終わってしまうような、後ろ向きの人生になる恐れはありません。

2章　いまある素材を生かして「損しない自分」をつくる

「好きなこと」が自信につながる

「好きこそものの上手なれ」という格言があります。自分が好きでやっていることなら、少しくらいつらいことがあってもめげたりしない、苦労も苦労と思わない、だから自然と長続きし、上達していくという意味です。自分が「好きなこと」は「得意なこと」であり、自分に自信を与えてくれるものでもあるのです。

「好きなこと」を見つけると、「一芸に秀でる」「得意な専門分野を持っている」ということにつながります。

サッカーが嫌いなのにサッカーがうまくはならないでしょう。英語が大嫌いなのに英語が上達することはありません。嫌いなものは、誰だって自分から遠ざけてしまいます。避けて通ってしまいます。

しかし、好きなものであれば、常に自分のそばに置き、日常的に触れていたくなるはずです。サッカーが大好きな人は、部屋の中でもサッカーボールに触り、リフティングしています。すると、ボールが身体に馴染んできます。身体感覚の一部として、上手にボール・コントロールができるようになります。

英語の好きな人も同様です。プロゴルファーの石川遼さんは、絶えず英語を聞き続けて英語力を磨いたようです。彼の場合は、海外での試合に際して英語力が求められるため、「必要は発明の母」というニュアンスに近いかもしれませんが、しかし英語が決定的に嫌いだったら、その「必要」すら遠ざけていたでしょう。「必要」もまた「上手」を導き、「自信」をもたらすものです。

芥川賞授賞式のあとの記者会見で、「賞をもらってやる」と挨拶した方がいらっしゃいました。あれは作家特有のジョークだったのでしょうが、「自信」はあったはずです。なにしろ好きで小説だけを書いていたのですから。

入社試験の面接で「この会社が好きだから入社したい。わたしが入社すれば、この会社はよくなります」というような、鼻持ちならない物言いをすれば、「なんだ、あの態度は」となるでしょう。でも、「あの荒唐無稽な自信はどこからきているんだろう。ちょっと気になるから、2次面接には残しておくか」とる場合もなきにしもあらずです。

「好き」であることは、意外な発展性をもたらします。

「見出してくれる人」に出会う

「名伯楽」という言葉があります。本人が自覚していない隠れた能力や才能にいち早く気づいて「見出してくれる人」、その能力や才能を「顕在化させてくれる人」です。

あのイチロー選手にも、近鉄の監督をつとめていた仰木彬《おおぎあきら》さんという名伯楽との出会いがありました。

彼は、イチロー選手の類まれなバット・コントロール、ミートの技術を見出し、そして一見ひ弱に見えるイチロー選手が隠し持っている高い運動能力を見出したのです。

さらに彼は、選手登録ネームを鈴木一朗から「イチロー」に変えました。これによって、イチロー選手のイメージを変えただけでなく、イチロー選手自身のモチベーションというか、心のあり方まで変えたようにみえます。

そうだとすれば、仰木監督の施した戦略は、実はイチロー選手の気持ちのあり方に働きかける戦略だったわけです。この年からイチロー選手は球界を代表するトップスター選手となりました。マリナーズ移籍後の活躍は、すでにみなさんがご承知のとおりです。
もしもイチロー選手が、鈴木一朗のままだったら、これほどまでに活躍したでしょうか。仰木監督はイチローを「見出した」名伯楽であるだけにとどまらず、世界の「イチロー」を作り出した名プロデューサーです。

あなたの人生においても、この名伯楽、名プロデューサーにあたる人物がきっといます。いや、もうすでに出会っているはずです。あなたを肯定的に評価してくれた人、あなたに「自信」を持たせてくれた人、あなたが人生に対して肯定的に向きあえるように仕向けてくれた人です。

「きみは絵が上手だね」「足が速いんだね」「料理とってもおいしかったよ」と語りかけてくれた人のことを思い出してください。あなたのよさを見出してくれた人、人生を前向きに生きるように仕向けてくれた人がいなければ、あなたはいま生きていないでしょう。

学校の先生、友人、両親、田舎の祖父母など、身内でも他人でも、過去を振り返ってみれば、自分に対してポジティブな評価をくれた人が、必ずいます。そういう人々こそ、あなたの原点です。

どこまでなら頑張れますか？

「自分の好きなこと、得意なことを仕事にして、人一倍稼げるようになりたい」と思っているなら、ぜひともおすすめしたいことがあります。

それは、自分の可能性を信じて、とことん頑張ってみること。「もう、これ以上はやれない」というところまで自分を追い込んでみることです。

英語が好きだから翻訳家になりたいと思っているなら、ペーパーバックを買ってきて自力で翻訳に挑戦してみる。やってみたい企画やアイデアがあるなら、その企画が通るまで出し続けるなど――。

徹底的にやってみると、「ここまでは頑張れる」「これ以上は、よほどの才能と経験がないとむずかしい」という境界線が見えてきます。

とことんやってみたことで「思いどおりの結果が出せた！」という場合だって、もちろんあります。

「やっぱり、無理だったかな」ということになった場合でも、「自分はここまで頑張ることができた。次はこの限界を超えていこう」と再チャレンジのポイントが見えてきます。

「やれるかな。どうかな」と立ち止まったままでいたら、夢や目標を叶えるための一歩は踏み出せません。

イチロー選手と名伯楽・仰木監督の話をしましたが、イチロー選手は監督の期待を裏切りたくない一心でとことん頑張ったのでしょう。その結果が、高い評価となって返ってきたわけです。

結果や評価はその人自身のものですから、「あの人のために頑張る」というモチベーションから動くのであってもいいと思います。

「あの人のために頑張る」ことは、「自分のために頑張る」ことでもあるのです。

「あのひとのために」頑張ってみよう

マラソン競技は自分との闘いだといわれます。レース中に足の調子がひどく悪化してもうこれ以上は走れない、無理をしたら足が故障してしまうという最悪の場合など、自分の判断でレースを棄権することもできます。

しかし、団体競技である駅伝の選手はそうはいきません。駅伝は、次の選手にたすきをつながなければならないのです。つらくても苦しくても走り続けなければなりません。次の選手にたすきを渡すために走る、すなわち、「他人のために走る」のです。

個人競技のマラソンだったら、途中で棄権したかもしれません。だが駅伝は、自分の限界を越えて頑張り、たすきをつなぐことが求められます。たすきを次の選手に渡してはじめて、競技が成立します。

駅伝という競技に宿る精神性は、サッカーなどでいうところの「フォア・ザ・チーム」とも「チーム・プレー」とも違います。次の選手のために、「あの人のために」何がなんでも頑張るという精神性なのだと思います。

そうした精神性に縛られ、自分の限界を越えてまで頑張らなければならないのは、苛酷なことです。しかし、「あの人のために」走るということが、自分のために走るよりも、圧倒的に頑張れることは事実です。

あなたもきっと、あなた自身のためだけでなく、「あの人のために」という意識が加わることで、はるかに頑張れるのではないでしょうか。

「あの人」というのが、あなたの両親、友人、恋人、もう年賀状のやりとりもなくなってしまった学校の先生など、身内でも他人でも、遠く離れて暮らしている人であっても構いません。

「きみは絵が上手だね」「足が速いんだね」「料理とってもおいしかったよ」と語りかけてくれた人、あなたのよさを見出してくれた人、人生を前向きに生きるように仕向けてくれた人のことを意識して、頑張ってみませんか。

「あの人のために」頑張るなら、自分が思っている以上の実力が発揮できるに違いありません。

逆境のときこそ「最良の自分」を発揮できる

大震災など、なにか事が起こったとき、役所のえらい人や大企業の社長などが、必ずしもリーダーになるとは限りません。避難所などの場所では、会社内ではどちらかというとアウトサイダー的だった人や、出世にはあまり縁のなかった人がリーダーシップを発揮することが多いようです。

登山やキャンプが好きなアウトドア派の人も、避難所生活では実際にものすごく役に立つはずです。火を熾《おこ》して湯をわかすのが上手だったり、穴を掘ったりするのが得意だったりする。

そういう人は、他人に軽く扱われることがありません。頼りになる人物として尊敬され、実生活でもリーダー的な存在になっていく可能性があります。逆に、何でも人に命令し、指示を出すだけで仕事をすませてきた人は、危機に直面したときにはほとんど無能力の人になってしまいます。自分一人では何もできないからです。

たったひとりで世の中をサバイバルしてきた人たちにも組織プレーはあります。

今回の東日本大震災をみても、電力会社のえらい人や政府のトップリーダーと称される人たちは、ただ会議をくり返すばかりで的確な指示すら出せず、ひたすら右往左往する姿をさらしたのでした。

実際、震災に活躍したのは自衛隊でした。消防庁、警察庁と協力し、省庁横断の指揮命令系統を確立し、さらに米軍とも協同して救助にあたり、そして原発事故に立ち向かいました。

もちろん、彼らは特殊訓練を受けている専門家であり、「修羅場」の経験者かもしれません。しかし、火急存亡のときに役に立ち、リーダーシップを発揮できるのは、ぬるま湯のなかで出世競争をしている人ではないのは明らかです。

地位や名誉と無縁に暮らしていても、たったひとりでも生き延びる経験を積み重ねた人は貴重な存在です。地位や名誉や財産がなくても、自分の持っているものを活かしきることができたとき、その人は「最良の自分」を発揮し、周囲の人々の役に立つこともでき、揺るぎない自信を培っていけるのです。

ないものを数えるのではなく、あるものを組み合わせる

わたしは、自分で出来ることはつとめて自分でするようにしています。できるだけのことをした上で、人に頼んだほうがよいことは頼めばよいのだと思っています。

ですから、自動車のタイヤがパンクしたときも、JAFに電話をする前にまず、自分で直そうとします。スマートフォンからJAFに連絡すれば、GPSで位置を判断して急行してくれるはずです。それでも、深い山のなかなどではJAFが来るまで相当な時間を待たねばなりません。そんなときは、自分でタイヤ交換をしたほうが早くすむのです。

列車の切符や航空券の手配、宿泊先の予約などは、もちろんスタッフがサポートしてくれるのですが、ひとりになったら何もできないようでは困りますから、極力自分でするようにしています。

家ではご飯も自分で炊きます。当然、料理もします。自慢するほどのものではありませんが、調理の仕込みをしながら、野菜くずなどのゴミを袋に片付け、たえず調理スペース

を確保しておく。このスペースの確保によって、スムーズに調理を進めていくことができます。

　このように、自分のことは自分できちんとやれるということが、いつか必ず役に立つと、わたしは思っています。パンクタイヤの修理ができる、旅行の手配ができる、料理ができる、そういう日常的で些細な一つ一つのことが、その人自身の素材となって活きてきます。

　仕事のノルマが達成できないとか、お得意さんを接待して喜ばせることが下手だとか、そんな仕事上のものさしでだけで、他人を評価したり、あるいは自信をなくしたりしているようでは、損だと思います。

　人生には、仕事とは別のステージもあります。会社生活が終わり、退職後ともなれば、男性であっても恒常的な「主夫」に専念することになるかもしれません。会社生活では仕事もあまりできなくてパッとしなかった人が、退職後は、趣味でやっていた社交ダンスで「最高の自分」を発揮する、タキシードを着てダンスを踊る。「ほお、すごいな」と見直されたりして、もういちど青春時代が到来するかもしれません。

　ですから、何事も一面だけでとらえて自分や他人の評価を決めつけるべきではないのです。決めつけることをやめたとき、未来の「可能性」が広がっていきます。

料理は最高のトレーニングになる

わたしは、料理というのは「自分が持っている素材を活かす」うえで、最も身近でいて、なおかつ最高のトレーニング法だと心得ています。

たとえば、冷蔵庫の中にちびたキャベツと少ししなびたニンジン、二欠片《ふたかけら》くらいのカレーのルー、ラップに包まれた冷ご飯があるとします。「よし、これでドライカレーを作ろう」と思い立ち、米粒パラパラのおいしいドライカレーができあがったとしたら、その人にとってたいへん素晴らしいことです。

インスタントラーメン一袋と、ガチガチに冷凍されたひき肉しかなくても、これで湯麺《たんめん》ができそうです。ラー油があれば、坦々麺《たんたんめん》風につくれます。ありあわせの材料でも、組み合わせ次第で、最高のレシピとなるのです。

つまり、こういうことです。輝かしい学歴で一流企業に就職できたとしても、それは大型冷蔵庫の中に高級サーロインステーキとフォアグラと大間の旬のマグロが常時入っているようなものです。それぞれ単品で食べてもおいしいものでしょう。しかしごく一般的には、冷蔵庫にそんな高級食材は入っていません。しなびた野菜くずと冷飯ぐらいしか入っていないことのほうが多いのです。それでも、このありあわせの「素材」を組み合わせれば、おいしいドライカレーや坦々麺ができあがるのです。

自宅の冷蔵庫の中にあるものでいったいどんな料理ができるだろう、ということを考えていると、頭の訓練になります。

人生もまた冷蔵庫に同じです。自分が持っていないものを数えあげるのではなく、持っている素材を組み合わせるのです。それによって、おいしい料理ができあがるごとく、今よりもっと素敵な自分を演出することができます。

自分が持っている素材は何か、考えてみましょう。たとえば「読書が好き」「言葉の理解力がある」「歩く姿勢がすっとしている」など、一つ一つの素材は特筆すべきほどのものではないかもしれないけれど、この三つを組み合わせたら、今よりもっと「いい味」が出せる可能性は充分にあります。

いまあるもので〝ベストの自分〟をつくる

ひとり暮らしでも毎日きちんと自炊をしている人、冷蔵庫の残り物の素材の組み合わせでおいしいものを作り出すテクニックを磨いている人を、わたしはたいへん好ましく思います。

お昼のお弁当まで手作りして職場に持参している人がいたら、「どんな料理をつくったの。ちょっと見せてよ」と頼みこんでしまうかもしれません。

高級素材を使った高級料理でなくたっていいのです。

・挽肉と野菜と豆腐を炒めてあんかけにまとめた一品

・魚肉ソーセージにキュウリをはさみ、チクワにカレーをまぶして揚げたもの

というように、ひと工夫凝らした料理なら、わたしは大感激してしまうでしょう。

「こういう料理をつくれるということは、自分というものをよく知っているからだ」と、わたしは高く評価したいと思います。自分の立ち位置をわきまえ、自分の「魅力」はどん

なところにあるのか、それが他者にどう映るのかを、よく承知しているからこそ、ありあわせの素材で一工夫も二工夫もできるのです。

「あれがないから、これができない」と考えず、あるものだけで「あれもこれもできる」と肯定的に考えるところに価値があります。

「自分は学歴がないからダメだ」とか「親が地方出身だから、東京にコネがない」というふうに考えていれば、自分をディスカウントする言い訳にしかなりません。

今あるもので最高においしいものをどう作るか、と考えてこそ、自分の価値を高めることができます。そうした発想の転換をはかる方法として、料理はとてもよいトレーニングになります。

わたしの冷蔵庫にも、サーロインステーキやフォアグラや大間マグロが常時入っているわけではありません。

だからこそ、何がつくれるか楽しみなのです。

料理のコツを人生に生かすヒント

料理のコツを覚えて、人生に活かしていきましょう。この手法を、わたしは「キッチン療法トレーニング」と呼んでいます。

日本料理、中華料理、フランス料理など、何々料理という固定観念は捨ててしまいましょう。こうでなければいけないという法則なんてものはありません。常識にとらわれない自由な発想で、あなただけのオリジナル料理を作り出していいと思います。

味噌汁にバターを溶かしてはいけませんか？　おいしいです。

漬物を炒めてはいけませんか？　キュウリの古漬けを炒めてチャーハンを作ると、これまたおいしいのです。

冷蔵庫に大根しかなくても、いろいろできます。

米をといで塩味を効かせ、細かく刻んだ大根を混ぜて大根飯を炊きます。

千六本に刻んだ大根の味噌汁に、大根おろしを入れてみぞれ汁にします。

かつらむきにした大根をバターかオリーブオイルでステーキにします。そのとき鷹の爪があれば尚よし。

箸休めには、大根の葉っぱの塩もみを添えます。

食というものは、人が生きている限り毎日つきあうものです。そこには、長年かけて培った知恵と技が潜んでいます。

大げさにいえば、人類の歴史と英知が潜んでいるのです。

未知の味を求めて日本全国・世界各地を旅してまわれるといいのですが、食に関する書物に触れるだけでも見聞は広まり、さらに柔軟な発想ができるようになっていきます。

『食はイスタンブールにあり』という書物を繙《ひもと》けば、トルコのイスタンブールに焼きサバのサンドウィッチがあることを教えられます。我々日本人に馴染みの深い「さば塩定食」だけでなく、こういう食べ方もあるのです。

人生の「わらしべ長者」を目指そう

仕事、対人関係、恋愛、結婚、子育てなど、人生で出会う諸々のことが円滑にいくかどうかは、自分という素材をいかに料理していくかにかかっています。

料理上手になるコツは、お肉がないからカレーが作れないとか、ジャガイモがないからポテトサラダが作れないというふうに考えるのではなくて、今あるものを組み合わせてつくれるものをつくる、ということです。

そこからさらに一歩進めて、「これがあったら、もっとおいしいものがつくれる」と考えるのもよいことだと思います。

これは、「わらしべ長者」の発想です。わら一本しか持っていない貧乏な男が、一本のわらでアブを捕まえた。そのアブを男の子が欲しがるので、みかんと物々交換した。次はみかんと上等な反物《たんもの》の交換となり、その反物は馬と交換する際に役立ち、馬がなくて旅に出られず困っていた屋敷の主人に請われて、馬と屋敷を交換した。貧乏だった男が次第に持ち物の質を高めていき、最終的に豪邸を手に入れるという昔話です。

あなたの場合も、いま目の前にあるものが「わらしべ長者」のわらです。あなたが持っている意志の強さや明るい性格を「ぜひ買いたい」という会社があったら、思いきって飛び込んでみたらいいと思います。

一流企業でなくたって、いいではありませんか。会社での仕事や人脈を通じて、さらにステップアップできるチャンスが来るかもしれません。

いきなり「頂上」を目指すと、うまくいかないことがあるたびに気分が落ち込んでしまいますが、段階を経て少しずつ「上」にあがっていくようにすると、ストレスに悩まされることは少なくてすみます。

昔の通信簿・通知表を読み返してみる

小学生時代からの成績表を、たまには取り出して見てみませんか？　あなたという人間がどのように形成されてきたのか、手に取るようにわかるはずです。あなたの人間形成の歴史が見えるはずです。

理数系が得意だった人、文系が得意だった人もいるでしょう。得意科目がありました、不得意科目もありました。数学は苦手だったけれども、美術や音楽だけは得意だったとか、体育だけはいつも「A」か「5」だったということもあるでしょう。

担任の先生が、学期ごとに記した学習評価や生活評価を見てみましょう。「クラスでは生物係として動植物の世話をよくしました」と書かれていれば、夏休みにも学校へ行って掃除や花壇の水まきをしたことが思い出されてくるでしょう。

中学時代になると、得意なはずの理数系にもかげりが見え、逆に社会科系に興味が広がり得意学科になった人。小学校時代は全部の科目が優秀だったのに、中学2年生のときを境に「優」を全部返上してしまったあなた。それでもクラブ活動だけは続けたことを誇りに思っているのでは？

通知表に記載された数字の向こう側に、さまざまな記憶がよみがえってきます。修学旅行や文化祭の思い出。この頃からギターを弾き始めた、映画も見始めた、それもあなたを形作ってきた要素です。本物の「初恋」は見事に失恋で終わってしまったことも、昔の通信簿のなかに、浮かんできます。

続いて、高校時代の成績表。高校1年の2学期からは、いくつか赤い数字が混じっているかもしれません。いわゆる「赤点」です。そして大学。優も良も数えるほどしかない、なんてことがよくあります。

それでも、いいじゃありませんか。通知表は、あなたという人間が出来上がる軌跡を、懐かしかったりほろ苦かったりする思い出とともに語ってくれるのです。

3章　他人に一目置かれる人の共通点

自分の気持ちをはっきり自覚してみよう

「ラポール」という臨床心理学の用語があります。

心療治療のカウンセリングまたはセラピーを行っているときに、セラピストとクライアントの間に相互信頼感が生まれて感情の交流が成立し、安心して自由に振舞うことのできる心的状態を指します。

そうした「ラポール」の状態から、心の問題を引き起こしている「要因」を見つけだし、どのように「ケア」していけばよいのかという「認識」を導いていきます。

わたしが本を書くのは、読者のみなさんに「セルフカウンセリング」と「セルフケア」を試みてほしいからです。「医者に頼らず自分でやって下さい」と突き放しているわけではありません。

「自分の心を見つめる」「自分に問いかける」というセルフケアの方法は、臨床的にいって極めて有効な治療法です。

自分の感情や感覚をはっきりと自覚することにより、自分を信頼する気持ちが芽生えます。

嘘のない状態、警戒心の解かれた状態になっていくのです。そうなってはじめて、他者の信頼を得ることができます。つまり、人間と人間の関係に「ラポール」の橋がかかるのです。

他人から一目置かれ、尊重される人になりたいと望む気持ちは、みな一緒です。その望みを叶えるために必要なのは、心と心をつなぐ橋です。

人に軽く扱われた、マジメにやっていて損をしたというときは、まず自分の怒りや不満や哀しみを素直に認めることからはじめてください。

そして、「わたしだったら、人にこうしてもらいたい」と思うことを口にしてみてください。そうすれば、あなた自身が人に「そうしてあげる」ことができるようになっていきます。

「敵にしたくない」と思わせる方法①

就職活動をしている人ならば、面接試験を受ける事前の準備として、その会社について調べておくことは必須です。しかし、人と同じ資料を見て、人と同じホームページを見るだけでは、月並みの情報しか得られません。そこで必要となってくるのが、実際に自分の足で情報をかき集めることです。実地検分の結果、会社の業績などを徹底的に調べ上げることができたなら、他を抜きんでた存在となること間違いなしです。

たとえば、「A町に展開している有料駐車場は稼働率が低いようですね」というように、チクッという感じで指摘したら、どうなるでしょう。すでに死語同然の言い回しかもしれませんが、「寸鉄人を刺す」という言葉があります。短く鋭い言葉で人の急所を衝くわけです。

「えっ、なんでそんなことまで知ってんの？」と相手を不気味がらせるといいますか、ある種の威圧になります。的確な情報を得ることは、「ナメられない」ためにも「一目置かれる」ためにも、重要な武器となります。

人と同じ行動をして、類型的な情報を集めてもだめなんですね。といって、個人情報にまで踏み込むのは危険です。友人と久しぶりに会うときに、その友人の近況を前もって調べておくなどすると、会話の途中で、「なんでそんなことまで知ってんの？　気持ち悪い」といやがられるでしょう。

けれども、面接試験において企業の業績についてふれる程度なら、「今日は並々ならぬ気持ちで来たんだな」とポジティブに受け止められます。強烈な印象を残すことができ、「敵に回したら怖そうだ」と思わせることができます。

ここは絶対に自分の存在を相手の記憶に留めたいという場面では、「こいつだけは敵に回したくない」と思わせた方がいいと、わたしは考えています。そう思わせることが防御とも攻撃ともなります。

ただし、やりすぎは禁物です。あくまで礼儀正しく、時々チクッと辛口の発言をして、効果的に「気味悪がらせる」ようでないといけないでしょう。

「敵にしたくない」と思わせる方法②

面接の際に自分の存在を相手の記憶に留めるといっても、「御社は去年も一昨年も業績が悪いですよね」などと失礼な言い方をしたら、当然ながら相手は完全に気を悪くします。そこで、ひとひねりしたテクニックを使うことが必要となってきます。相手の弱点をやんわりと衝くといいますか、面接者の誰もが触れたがらない話題に触れながら、謎かけをしてみるのです。

「わたしは御社に随分前から憧れてきました。業績なども注視してきたのですが、あのリーマン・ショック以降は苦戦が続いているようです。特に輸出部分が厳しいようですね。特にドバイ支店がご苦労されているようです。わたしは中東が大好きなんですが」

というように、本来目を向けてもらいたくない業績低迷の話題にあえて触れ、相手の心に揺さぶりをかけながら謎かけを放ちます。これは、いってみれば面接者に対する誘導尋問です。

「それで、きみは中東には行ったことがあるの？」といった質問が返ってくればしめたものので、誘導尋問は成功です。

「はい、中東は一通り旅してみました。市場に漂う羊肉の脂の香ばしい薫りに、すっかり魅了されました。シシカバブが結構好きなんです」

などと、さらに追い討ちをかけるように話題を広げれば、相手も次第にのってきます。「変なやつだけど、ちょっと使ってみるか」となる可能性があります。

そうでなくても、「少なくとも無益無害なやつではない」と辛口の印象を与えたはずです。「有害である可能性もあるが、有益である可能性も大いにある。中東の暑い砂漠の中にほっぽっておくには適任かもしれない」と思ってもらえるかもしれません。

面接時に辛口の発言ばかり繰り出した結果、百社以上すべてに断られた「不採用の達人」がいます。彼は結局、お笑い風刺プロダクションを起業設立したのですが、その名を大川興業といいます。

ま、いろいろあっていいじゃありませんか。あまりに個性的な人物は、一流企業の面接官からは好まれないことがほとんどですが、その他の場面において、その人らしい活躍ができる可能性はいたって大きいのです。

手に入れた情報を上手に使うための心得①

みなさんもご存じのとおり、１９９５年「ウインドウズ95」が登場して以降、インターネット環境は劇的に変わりました。「情報革命」です。現在ものすごいスピードで進化をしています。

世界の至るところで、コミュニケーション環境に多大な変化が巻き起こっています。「アラブの春」という民主化革命の連鎖をもたらしたのは、ＳＮＳ（ソーシャル・ネットワーク・サービス）だといわれています。

この豊かすぎるほど豊かな情報の波の中で、私たちはどのように情報とつきあっていったらよいのでしょうか。

Google Earthでストリートビューでも見れば、洗濯物まで見えてしまう時代です。情報はあふれています。情報を駆使すれば、ビジネスにおいても人間関係の上においても、相手に対して優位に立つことができ、有効な武器として使えます。他人に軽く扱われない人、一目置かれる存在になっていくうえで、情報を制することは大きな意味を持っています。しかし、ただ多くの情報を手にしていればいいというものではありません。情報というものは、両刃の剣でもあります。使いようによっては、相手を傷つけたぶん、自分もまた同じように傷つくことになります。

フェイスブック、ツイッター、ブログなどで獲得した情報は、円滑な人間関係をつくるために使いたいと思います。

相手が知られたくないと思っている情報、いわば「負」の情報を得た場合は特に、つとめて行使しないようにしなければなりません。そうでないと、人間関係の上では「恫喝」となり、ビジネス上では「恐喝」にならないとも限りません。

手に入れた情報を上手に使うための心得②

相性の悪い上司がいたとして、その上司の奥さんのブログをたまたま見つけ、犬を2頭飼っていることを知ったとします。貴重な「情報」のゲットです。

そんなとき、あなたならどうしますか。

ふだん思いっきりナメられている腹いせに、上司の愛犬をいじめに行きますか。まさか、そんなことはしないでしょう。

「課長のおうち、犬が2頭もいるんですね。奥さんのブログで見ましたよ。奥さんも犬好きなんですか」

と、軽く話題をふってみたらどうなるでしょう。

「おや、うちの女房のブログなんか見てくれたのか。ひょっとして、君も犬好きなのか」

と返してくれればいいと思います。「うちの犬、見に来るか」とでも言われればバンバンザイです。

課長のそれまでの態度が一変して、口には出さずとも「あいつも犬好きだからな、仕事が多少のミスがあっても、まあ大目に見てやろう」というようになってくれれば大助かりです。

あるいは、「え、なんでそんなこと知ってるんだろう？　興味を持ってくれるのはいいけど、なんかちょっとなぁ……」となるかもしれませんが、それでもいいのです。「敵に回すとやっかいだろうな」と思わせることはできます。

さて、情報をゲットし、使う方法を知っているからといって、相手を甘くみて「ナメる人」になってはダメです。相手は相変わらず態度を変えないでしょうし、加えて、疎まれてしまいます。

折り合いの悪い上司とは、仕事上のつきあいに留めておいたほうがよい場合もあるのです。少しでもよい関係にするために会話の機会を増やしたいなら、仕事のことを話し合うのが無難です。

スマホ・ケータイとの距離の取り方

あなたは、携帯電話のバッテリーが突然切れたら困りますか。「困る、困る」の大合唱が聞こえてくるようです。確かに困りますよね。

たとえば、「駅に着いたら電話して、迎えに行くから」と彼女が約束をしてくれたのに、いざ電話をかけようとしたら、バッテリーがアウト、充電器も持っていない。待ち合わせの詰めができず、せっかくのデートもパア。結局、その彼女とはそれっきり縁が切れてしまった、なんてことになったら悲しいですね。

バッテリーアウトだけでなく、携帯電話を水に落とした、潮風を浴びた、砂まみれになった、そんなことでも情報機器は簡単にクラッシュします。

しかし、クラッシュするのは、実は、あなたの人生のほうかもしれません。もしも携帯電話が順調に稼働し、彼女とのデートが成立していれば、そのまま交際が続いたことでしょう。携帯電話がつながらなかったために、違う人生になってしまうこともあるのです。

そういう時代だから仕方がない、縁がなかったのだとしてしまうのは、あまりにばかばかしいと思いませんか。

現代人は、無意識のうちに「携帯依存症」ともいうべき状態に陥っています。携帯電話に人生が操られてしまっても、そうとは気づかずにいることさえあります。

バッテリー切れになった携帯電話に向かって怒っても、何の解決にもなりません。

コミュニケーション手段としての携帯電話、パソコン、フェイスブック・ツイッター・ブログなど、今は情報機器が豊富に揃っています。その利便性を活用するのはよいことですが、情報機器に頼り切った状態は危険です。

通話、メールだけでは伝えきれないものがあるはずです。相手の顔を見ながら話をすることで、言葉で伝え合えることをはるかに超えた、膨大な情報をやりとりすることができます。

観察力、洞察力を役立てるコツ

小学生時代の夏休みに、あなたもきっと、アサガオの観察日記をつけた経験があるでしょう。種を蒔き、芽が出る。芽は一枚葉となり、二葉となり、竹垣に巻きつくように蔓《つる》が伸びていく。やがて花が咲きます。種蒔きの頃はまだジャンパーを着ていたのに、花が咲く頃には麦わら帽子を被っていたりします。

アサガオの成長を見守るのは、一種の定点観測です。これは、観察力と洞察力を養ううえでとても役立ちます。

観察力というのは、たとえば、駅のホームに貼られたポスターが昨日と変わっていることに気づくかどうか、ということです。では、なぜ変わったのだろうと考える力が洞察力です。駅のポスター一枚からも、「もうすぐ秋の旅行シーズンなんだ」とか「おや、もう師走なんだね」と状況の変化を知るわけです。

あなたが明日のお天気を知るのは、テレビや新聞、インターネットの天気予報によってですか？　昔の人は、そして今でも海辺の漁師さんなどは、風の吹き方、空気の匂いや湿り気などから、経験的に明日の天気を予測します。明日の洗濯をどうするか、どこに干すか、明日は何を着ていくべきか、今日中にお洒落なレインブーツを買っておくべきかなどの準備や段取りもできるでしょう。

対人関係においても、観察力と洞察力はとても大切です。

誰々さんのファッションが派手になった、あるいは地味になった。髪の毛を切った。ピアスをした。腕時計が変わった。沈んでいる。はつらつとしている。なぜ？　つきあう男が変わったのか。前の彼氏とは別れたのかもしれない。「もしかして、おめでたかしら」なんてことも、女性同士なら分かるはずだと思います。

そうした変化を、いちいち口に出す必要はありません。ただ変化に気づいていれば、その人への対応を変えることができます。「あら、何か悩み事があるのかしら。仕事帰りにちょっと飲みに行く？」と声をかけられれば対応も満点。

この対応ができる人は「一目置かれる人」です。変化に気づかない鈍感な人、他人に関心を向けない人は、結局、他人からも無視される存在になってしまいます。

たとえば、電車の中で何をどう観察するか

観察力と洞察力を養う簡単な方法があります。

電車に乗ったら、7人掛けのロングシートに座り、対面シートに座る人々に目を向けてください。7人の男女、それぞれの外見が示すファッションやしぐさから、おおよその年齢、職業などを推察してみてください。

学生か、お勤めをしている人かぐらいは容易にわかるでしょう。観察力の鋭い人なら、「あの五十がらみの男性は、おそらくマスコミ関係者だな。ぶ厚い鞄にノートパソコンと本、ノート、赤ペンが入っている」「その隣の三十代の女性は、英字新聞を読んでいるけど、外資系企業に勤めているというわけでもなさそうだ。転職するためにTOEICの試験でも受けるつもりかな」というように、さまざまな推理が働くことでしょう。

その人が住んでいる場所、どんな人生を歩んできたのか、今日はこれからどうするのかなどを想像してみると、さらに楽しいものですよ。そしてこれが、観察力と洞察力を養う

訓練になるのです。

裕福そうな若奥様がいたら、「これから銀座へお買い物に出かけるのだろう。こういう女性が行くのは、松屋、三越、和光あたりかな。和光ギフトショップで缶詰セットか何か選んで、おしゅうとめさんの三回忌法要の引き出物を親戚一同に送るのかな」などと、勝手にストーリーを紡いでいくわけです。

「いや、人は見かけによらないから、この裕福そうな女性もひょっとしたら、上野日暮里方面に仕事に行く途中なのかもしれない」とストーリーを書き換えてもいいのです。

「銀座から浅草へ出て、ご主人と待ち合わせってこともあり得るな。スカイツリーでデートかな」という発想もあり、ですね。

ここで注意したいのは、実はあなたもこの「観察」と「洞察」の対象になっているのだということです。あなたの外見、生活、そして人生も、他の人の「勝手な想像」の対象になっています。

しかし、あなたがむやみに他人の領分に入り込まない分別を持っているかぎり、何の問題も起こりません。他人に関心を向ける人は、他人からも関心を向けられます。

マニュアルとTPOのバランス

『営業マンの心得』という小冊子が、わたしの手元にあります。その冒頭に書かれている内容がなかなか興味深いので、かいつまんで紹介しましょう。

「営業マンの『仕事』の第1は、見知らぬ他人と日常的に接すること、そして他人に受け入れてもらうことである。したがって、第1印象が大切。清潔感をもって、さわやかに、明るく、はっきりと、最高の笑顔で、自己紹介すべし。

第2に、営業とは自分を売ることである。自分の人間性を受け入れてもらうべし」

営業職にかぎらずほかの接客業でも、同様のことが教育されているはずです。しかし接客マナーのマニュアル化が徹底されすぎると、逆効果なこともあります。

アルバイト店員の茶髪の男性から、「お客様、○○円のお返しでございます」とお釣りを差し出されたりすると、不似合いでなんだかムズムズしてしまいます。ついでに小首でも傾げながら「ありがとうございました」なんて言われると、思わず絶句です。マニュアルどおりの接客をされても、その接客態度と店員のキャラクターがあまりにミスマッチだと、人にいい印象は与えられませんね。

接客のプロならば、状況に応じて臨機応変の対応が求められます。この基本的な心得を逸脱していては、人に尊重されるどころか、軽く扱われる人になってしまう危険性がおおいにあります。

相手をリサーチするコツ

『営業マン心得』には、さらに続けて以下のようなことが書かれています。

「訪問販売をする場合は、事前にその家を下見する。家屋の築年数、戸建てか集合住宅か、カーポートの有無、(車が入っていれば)車種、庭の手入れ具合、庭の草木の種類、(洗濯物から推察して)家族構成、年齢構成、経済状態も含めた生活状態、居住者の性格までがある程度まで類推できる。近所を歩けば、その街全体の雰囲気、街自体の性格もわかる。コンビニの品揃えなども要チェック」

たとえば介護用品をセールスするのに、独身者や若い所帯を訪問することはあきらかに無駄足です。

カタログ通販が盛んないっぽう、エクステリア商品や住宅リフォーム商品などは、従来型の訪問販売のスタイルが主流です。木造家屋の場合、築十年を越えると、修理や補修の必要な個所が生じることがほとんどですから、ニーズは高いのです。そうしたニーズを見込んだうえで、家計に余裕がありそうな家にターゲットを定めて営業をかけるのです。

しかし、その家庭に経済的余裕がなければ商談は進みません。そこで、事前に、庭の手入れがされているかどうかを見るわけです。

商談成立にもっていくために、価格で調整するという方法もあります。よりエコノミーな商品を選びだし、値引きはどの程度まで可能か、また支払いはローンにするかどうかなど、営業マンはこれらいくつもの事柄を瞬時にシミュレーションし、何パターンかの組み合せを持って訪問するのです。

情報を制するものが人間関係を制する

実は、相手の「情報」を得て分析することは、スパイ活動の第一歩なのです。

スパイといっても、非合法活動をするわけではありません。国際間の通常の外交活動も、公刊される新聞や雑誌、テレビニュースなどをウォッチすることに始まります。これを情報活動、インテリジェンスといいます。そうした活動がやがて諜報活動というスパイもどきの活動に発展する場合もあるのですが、基本はこの公刊情報などの分析の積み重ねです。

営業マンが事前に訪問先の事情を見極めるということと、外交も同じだということです。営業マンが顧客に軽く扱われたりナメられたりすることなく、一目置かれ、商談成立へと持っていくように、国もまた、他国に軽く扱われたりナメられたりすることなく、一目置かれる存在となるために、情報の見極めが肝要です。そこで、情報戦が展開されるわけです。

エージェント（工作者）、インフォーマント（通報者）など、人を介して集めた情報を、ヒューマン・ソース・インテリジェント、または「ヒューミント」といいます。

傍受・盗聴などの通信情報をシグナルズ・インテリジェンス、または「シグミント」といいます。

映像情報のことは、イメージャリ・インテリジェンス、または「イグミント」といいます。

刑事さんの聞き込み捜査はヒューミントです。逆探知はシグミント。センタージュ写真はイグミントです。

『営業マンの心得』は、ヒューミントの基本です。インターネット情報であるブログやツイッターはイグミントでしょうか。

情報を集めるということは、スパイ活動の初歩です。情報を精査し、正確に情報分析することが、経済活動にしろ外交関係にしろ、勝負を決めることになります。

情報を有することにより、優位に立てるのです。むろん対人関係においても、大きなアドバンテージになります。しかも、相手には自分の情報を提供することなく、わが身はレーダー網にかからないステルス戦闘機に徹することができれば最強です。

「一目置かれる」とはどういうことか

アメリカ同時多発テロ事件に対するアメリカの軍事報復行動・イラク戦争時、同盟国は支援・協力体制を敷きました。その際、わが国に対して、当時国務副長官だったアーミテージ氏は「Show the flag! 日の丸を見せよ」と言ったのです。

以前の湾岸戦争のときは、自民党時代の小沢一郎さんが幹事長で、130億円を拠出したのですが、同盟国からまったくリスペクトされませんでした。それどころか、アメリカからは、協力国リストに載せてさえもらえませんでした。130億円も払ってナメられました。このときの記憶がトラウマとして強く残っていたため、アーミテージ氏が放った「Show the flag!」の一言は、大きな圧力として作用しました。

結局、旗を見せるために、すなわち自衛隊を派遣するために、時限立法として「テロ特別支援措置法」を可決したのです。後方支援として洋上給油など物資の輸送や補給、非戦闘地域での医療活動などができることになったのです。「日の丸を見せろ」の直訳的解釈が「人的貢献せよ」となり、自衛隊海外派兵への道を開いたことになりました。

知日派のアーミテージ氏が、日本国憲法に規定された自衛隊の行動の「かせ」を知らなかったわけではないでしょう。彼の言った言葉の真意は「旗幟鮮明にせよ」「立場をはっきりせよ、(アメリカの軍事報復行動の)支持を明確にせよ」と解釈するのが、英語としては正しいようです。

その後も、イラク復興支援という名目で戦闘は継続しました。ブッシュ大統領は小泉首相に対し、「Boots on the Ground!」と言ったと伝えられています。今度ははっきりと「人的貢献をせよ」という意味でした。そしてついに、自衛隊を海外派遣することになり、イラクの戦闘地域に踏み込んだのでした。

「ナメられたくない」「一目置かれたい」という感情は、国家間つまり外交においても大いにあてはまるということです。

日本人が気をつけたいポイント

日本という国についてふれましたが、日本人は世界からどう見られているか。ニヤニヤ笑いながらも、なるほどと思わせる『世界のジョーク集』という本があります。

無人島に、男二人と女一人が流れつきました。
フランス人だったら、女は一方の男と結婚し、もう一人の男と浮気する。
アメリカ人だったら、女は片方の男と結婚し、離婚後に、もう一人の男と結婚する。
ロシア人だったら、好きではない方の女と結婚して、一生後悔する。
ドイツ人だったら、一人の男が女と結婚し、もう一人が立会人を務める。
日本人だったら、男二人は、どちらが女と結婚したらよいか本社に問い合わせる。

このジョークのほかにも、「みんながするからする」という日本人の横並び主義がオチに使われるジョークはたくさんあります。

会社に頼りきった会社人間、自分の意見を主張しない人々、なおかつ「旗幟鮮明」となれない日本人の姿が、笑いのネタになっています。

自分のことを自分で決定できない姿は、国際社会のなかではとくに、軽く扱われてしまいます。

4章　軽く扱われないために知っておきたいポイント

「自動改札まで、私をナメてる！」という心理

かつては、いわゆる「五月病」と呼ばれる症状がよくみられました。四月に意気揚々と大学に進学し、または新入社員になった人が、五月になると、現実は自分が思っていたようなものとは違うのだと気づいて失望し、目標を見失ったり、無気力になったりしてしまうのです。これは、将来への希望や可能性にかける期待値が大きかったぶんの反動といえます。

たとえば、就職のために上京してきた人の目には、都会の人はみなブランドもののシャツやスーツを着ているように見えたりすることがあります。自分も同じような服を買い、垢《あか》抜けて見える格好をしてみても、どこかしっくりこない。「似合いもしないのに無理しちゃって」と、みんなに笑われているような気がする。それだけでもう、仕事が手につかない。同期入社の同僚、先輩、上司にも、強いコンプレックスを感じてしまう。そのうえ私生活においても、都会で育った人はみな古くからの友人がいて、飲み会や合コンの話題

でもりあがっている。しかし自分は上京したばかりで友人もなく、いつもひとりで……。

こういう状況下にあると、「都会の人は俺をナメてんじゃないか」「わたしは東京にナメられている」と思い悩んでしまうことがあるようです。

昔は確実にこの手の「都会コンプレックス」のかたまりのような人が大勢いました。今でも、この都会コンプレックスに過剰反応して「ナメられてたまるか」と、過激なファッションに走ったりする人は少なからずいます。

最近は、「五月病」という言葉をそれほど聞かなくなりましたが、それは大多数の人が、大学で学問を学ぶことや仕事に対する情熱、未来への希望、可能性を広げることに、それほど期待していないからでしょう。夢や希望や情熱に代わって、疎外感や孤独感が強まったのではないでしょうか。

疎外感や孤独感は、「社会が自分を受け入れていない、無視している」という怒りの感情となって現れます。極端な場合は、駅の自動改札でSuicaがエラーを出すと、「Suicaまで俺をナメてやがる！」となります。これを笑って見過ごすわけにはいきません。

「ナメられ社会」を生きるために

新しい仕事や環境に馴染もうと一生懸命にやっていても、他人はそうは見ない、そうは扱わない、ということもあり得ます。

「がんばってるね」と誉められるならばよいでしょう。

しかし、「無理しちゃって」とけなされるとしたら、または「おまえにはどうせ無理だよ」と否定的に見られていると感じてしまったら、どう対処すればよいのでしょう。

インターネットの匿名性のなかでは、無責任な「毀誉褒貶」がはびこり、アイドルを「神」のように崇めたりすることのある反面、気に入らない人のことは徹底的にけなすことが当たり前のようになっています。他人を軽く扱って面白がっているのです。

他者を丁重に扱わない、自分のことだけで精一杯、というような「気遣いのない社会」になってしまった感があります。社会学的には、「共同体の崩壊」「共同性の喪失」と呼ぶのでしょう。

都会育ちかそうでないかにかかわらず、物質的に豊かな時代に育ってきた人々は、どちらかというと過保護に慣れ親しんでいる傾向があり、社会に出て他者に囲まれると、とたんにギクシャクしてしまいます。

黙っていても親が面倒をみてくれたことが、社会に出ると通用しない。

社会には、親に代わって世話を焼いてくれる人はいない。

そのギャップに戸惑うのです。「人がやってくれて当然」と思っていることがそのとおりにいかないと、「ナメられた」と受けとめてしまうのです。

そんな現在の状況を、わたしは「ナメられ社会」と呼んでいます。

「アイムOK、ユーアーノットOK」タイプの人

心療内科医の一人として、私が看過することのできない問題点は、実際はナメられてなどいないのに、「ナメられた」と思い込んでしまう人々が実に大勢いることです。「社会的ナメられ社会」から身を守るために、防衛本能が過剰に働いているのだと思われます。

過剰反応を起こす人々には、ふたつのタイプがあります。

ひとつは、「自己愛が強く、自己顕示欲の強い人」です。実際はナメられてなどいないのに、お姫様・お殿様様扱いをしてもらえないと、「ナメられた」と思ってしまう。

そういう人は、たとえば子供の頃、家族と一緒にデパートの玩具売り場に行けば、ちょっと目配せするだけでゲームを買ってもらうことができた。大人になってからも、冷蔵庫を開ければいつでも大好物のジュースが入っていて当たり前というように、ちやほやされる環境で育った。だから何があっても間違っているのは他人で、自分は間違っていないと決め込んでいる。

こういう傾向が強い人々を、わたしは「アイムOK、ユーアーノットOKタイプ」と呼んでいます。

このタイプの人は、家では黙っていてもお茶とおやつが出てくる、冷蔵庫には好みのものが入っている、脱ぎ散らかしたものは親がきちんとたたんでタンスに収めてくれるというように、まるで小さなお姫様・お殿様のように扱われることに慣れているので、ファミレスでコーヒーを頼んでもなかなか出てこなかったりすると、「オレんちだったら、すぐ出てくるぞ。ナメるなよ」となるわけです。

中国でも、一人っ子政策で生まれた子どもたちは、蝶よ花よで育てられました。その結果、「小皇帝」と呼ばれるまでになりました。

子供を大切に育てるのはよいことですが、過保護は、人の心を弱くするという一面があります。

家にいる間はまだよいとして、社会に出てからも小さな子供のようにわがまま、「自己《ジコ》中《チュー》」というのは困りものです。これは、強気だからそうなるというわけのものではありません。むしろ、心の弱さの現れといってよいでしょう。

「愛情メタボ」になっていませんか？

ストレスに弱い自分を省みて、「わたしは愛情メタボかもしれない」と言った女性がいます。

愛情メタボとは、自己愛の塊のような人のことです。親や家族に手厚く守られて育った人にありがちなのですが、お腹いっぱいになるまで愛情を食べ、肝臓なんかもう脂肪がたまりすぎて病的に肥大し、フォアグラのようになっています。

その行き着く先は、不健康きわまりない「超自己愛人間」です。とにかく自分のことが大好きなので、自分を大切にしてくれるというただそれだけの理由から、家族や友人、恋人のことなども好きでいられるという状態になります。

そしてそういう人は、他人にちょっと親切にしてもらったぐらいでは少しも喜ばない、感動しない。要するに、他者から寄せられる愛情に鈍感になっていくのです。

超自己愛メタボ人間の弱点は、些細なことでフラストレーション（欲求不満）を感じ、ストレスを溜め込んでしまいます。自分が期待しているほど周囲の人がよくしてくれないとか、自分の価値を認めてもらえないというときは、実にあっけなく心のバランスを崩してしまいます。

超自己愛メタボ人間は、お姫様・お殿様のようにふるまっていても、実は自分に自信がないのです。

では、どうすれば自分に自信が持てるようになっていくのか。

それは、自分以外の他者に関心を向け、それぞれの人の長所や魅力を探していくことです。「アイムOK、ユーアーOK」といえるようになっていくことしか、道はないといってよいでしょう。

「アイムノットOK、ユーアーOK」タイプの人

実際はナメられてなどいないのに、「ナメられた」と思い込み、過剰反応をしてしまうもうひとつのタイプは、「自分に自信が持てず、人生に対しても否定的な受け止め方をしている人」です。

自分を否定し続けていれば、存在感が希薄になります。周囲の人々から見たら、「あれ、そんな人いたっけ?」という感じになってしまうので、まさに「ナメられる」格好のターゲットです。

ナメられた当人も、「やっぱりわたしはダメだからナメられるのよね」と落ちこんでしまいます。

たとえば、親が離婚して母親の元で育った人の場合など、「あんたがいなけりゃ、わたしだってもう1回結婚できるのに」などと、その人の存在にかかわる根源的なところで否定されて深く傷ついていることがあります。

「親からも疎まれるようなわたし」「アイムノットOK」という人生のシナリオを刷りこまれてしまうわけです。

すると、ファミレスでコーヒーの出てくるタイミングがちょっと遅いだけでも「軽くあしらわれた」と感じてしまう。

そのうえ、「わたしは親からも疎まれているのだから、人に軽く扱われるのも当然のこと」などと変に納得してしまう。

ナメられたと感じているのに、怒りよりも自己を卑下をするかたちになる。自分の「ダメさ」を追認してしまうのです。

これまで述べてきたように、他人に「ナメられた」と思いがちな人には2種類のタイプがありますが、「自分は間違っていない」と決めつけている人、「自分のほうが間違っている」と思い込んでいる人、どちらも強烈な自意識の空回りのなかで、疎外と孤独を感じているのだと思います。

〝存在感がない存在〟とは?

親からも「あんたなんかいなければいいのに」と言われ、根源的否定感を持ってしまった人は、「なぜわたしは、いつもナメられるのだろう」「言い返せないのはなぜだろう」と自己分析をしていることがよくあります。そしてついには、「どうせわたしなんか役に立たないんだから、この世にいたってしょうがないんだ」となってしまうと、それはもう「うつ病」です。極端な場合は自殺を誘発します。

ちやほやされて育った「お姫様・お殿様」タイプの人も、自分の思うようにならないことがあるとリストカットなど自滅行為に走ってしまうことがあるのですが、本当に死ぬ気でやっている場合はごく稀で、ほとんどは、周囲の注意を引こうとアピールしているだけ、というケースが多いようです。

うつ病になりやすいのは、「世の中に受け入れられていない」「誰も認めてくれない」と強い疎外感を抱いている人です。自らの存在意義を感じられないため、病理が進行すると、

「わたしなんか、この世にいたってしょうがない」となってしまうのです。

たとえば、子連れ同士の結婚では、男の子はことに、新しいパパやママに疎まれることがあります。継父・継母にしてみれば、「前の男（女）の子なんか」となってしまう場合があり、「おまえなんか、こんなとこで飯喰ってんじゃねえよ」と怒鳴られた子は家を飛び出し、ヤンキーになるか、あるいは家の中にこもってコソコソ生活するようになるかでしょう。

しかし、そんな否定的な人生の脚本を多かれ少なかれ背負いながらも、みんな大人になっていくわけです。程度の差こそあれ、誰しも自らの「シナリオ」に従って生きているのです。

「なんかナメられている」「やっぱり世間は自分を受け入れてくれない」し理不尽な疎外感を抱いていても、それは自分だけに起きている悲劇ではないのだ、今はそういう時代なのだと、軽く受け流してしまうのも一つの方法です。

人生のシナリオを演じるということ

自分の存在を否定された悔しさをバネに、「見返してやる」と思う人もいます。古い話で恐縮ですが、尾崎紅葉が書いた小説『金色夜叉』の主人公寛一は、恋人お宮が自分を捨てて金満家と結婚したことで怒り心頭に発し、その悔しさをバネに発奮して大実業家となりました。

わたしの地元には、元世界フライ級チャンピオンの内藤大助さんがいます。彼は幼少期に両親が離婚し、貧しい母子家庭で育ったといわれています。中学校時代はひどいいじめを受け、それが悔しくてボクシングを習いだしたのだそうで、その結果、世界チャンピオンにまで登りつめたのです。

こうした好例は世間にいくらでもあります。就活に失敗し続け、もうどうにもしようがなくてゲームソフトの会社を興したところ、意外にもそれがあたって上場企業となった例もあります。就活をしていた当時は、何十社エントリーしても「こんな地方の大学、聞いたことがないね」と書類選考ではねられて面接にもたどりつかず、「ようし、こうなったら自分で起業してやる」と発奮したわけですが、他人あるいは社会から否定されればされるほど、実はその反発の幅も大きくなるのではないでしょうか。

これはつまり、否定度が高い分、その反発としての「バネが効く」ということです。こうした反骨精神ともいうべきものの発露は、ときに途方もなく大きなエネルギーを生むことになります。反発も反抗もよい方向に作用すれば、コンプレックスを克服する大きなエネルギーのうねりになります。根源的全否定からの脱却です。全否定が全肯定に変わることもありえるのです。

そうした場合、その人の人生の脚本には「よき相手役」や「よき脇役」がいるはずです。たとえば、学校でいじめられていた子が美術の先生から「きみには絵の才能があるね」と言われ、美術専門学校に進んでイラストレーターになる、というような場合です。その人にとって、美術の先生の一言は、地獄から天国にのぼる一筋の蜘蛛の糸にも思えたことでしょう。

ちやほやされて育った人には、この言葉は響きません。「蜘蛛の糸なんかより、ハンモックかエレベーターを持ってこいよ」と思っているので、救いの言葉とはならないのです。

羊がライオンにかわるきっかけ

自己卑下や自己否定をしていることを自覚していない人は、「見返してやる」と発奮する気持ちは乏しいようです。したがって、現状を変えるための「努力」がしにくいのです。そして結局は、今のままの状況を肯定することになってしまいます。

一般的に、「草食系男子」と言われる人たちは、この現状肯定派です。自分だけ穏やかにやっていければいいんだというスタンスですから、「変化を起こそう」「上を目指そう」という気持ちは起こりません。上昇志向で努力しようとは思わないのです。

しかし、この草食系男子にしても、もしものすごく攻撃的な先輩や上司がいて、めちゃくちゃひどいことを言われたとすると、いくら草食系でも、穏やかでいられるはずがありません。

「おまえは根性がない」「情けないやつだ」「やる気がねえんだったら、やめちまえ」というように、激しい言葉を浴びせかけられたとしたら、そのプライドが傷つけられます。ひどい言葉を投げつける先輩や上司に対して、「あいつだけは許せねえ」とならないとも限りません。草原で草を食《は》む羊から、獲物を狙うライオンに変身するかもしれないのです。草食系から肉食系への変身です。

ところが、そんな草食系男子も肉食系に変わっていくにつれ、自分の周りの風景が一変して見えるようになっていきます。仕事もバリバリこなすようになり、そうなると他人に軽く扱われることもなくなり、女の子にもモテはじめ、十数年後に振り返ってみたら、「あの上司に鍛えられたからこそ、俺は頑張れたんだ」と感謝したりするのです。

恵まれた環境に育ち、ぬるま湯にどっぷり浸かっていたような人が、厳しい先輩や上司に遭遇したことをきっかけに変わることができたとすれば、ナメられるってことも決して悪いことばかりではありません。現状肯定派の草食系男子でさえ、反発心をバネに、肉食系に変わっていくことはあるのです。

いつも自己否定ばかりしている「アイムノットＯＫ」タイプの人であっても、心に鬱積している劣等感が炸裂したときの反発力はとても大きなものだと思います。ライオンをも狙う「手負いのオオカミ」に変身するかもしれません。きっかけさえあれば、自分を肯定し、周囲にもその力を示せる存在へと変身していくでしょう。

〝身に沁みたアドバイス〟を思い出してみよう

こんな例もあります。グレて学校を中退し、ヤンキーをやっていた少年が、いつも通っている定食屋のおばさんから、「あんたいつまでもこんなことしてないでさ、手先が器用なんだから、職人にでもなれば稼げるのに、バカねえ」と言われたことがきっかけで、一人前の職人になったというのです

「あのときおばさんの言葉がストンと胸に落ちたのだ」と、本人は言っていました。「おばさんはよく定食に一品おまけをつけてくれたし、こんな自分にもやさしく声をかけてくれた、だから身に沁みたのだ」、とも語っていました。

このヤンキーの少年と同じように、生活が荒れていた少女の場合は、「そんなヤンチャな君だけど、ボクは君のことが好きだよ」と、サッカー部の少年から言われ、自己否定が自己肯定に変わっていきました。

「こんなわたしにも優しい言葉をかけてくれた人がいた、それだけで嬉しかった」と彼女

は言っていました。その後、彼女は結婚して母親となり、公園デビューも果たして、仲の良いママ友もでき、子どもの成長ぶりに目を細めています。

「身に沁みる言葉を受けられた」とありがたく思える状況というのは、ちょっとした言葉もありがたく思えるほど自分が逆境にいるということなのです。喉も渇いていないときに、よく冷えたミネラルウォーターを貰っても「水なんか飲めるかよ」と思うのだけれど、砂漠を水も飲まずに二日も歩いたあとでは、一杯の水が身体に沁みこむのと同じです。

「アイムノットＯＫ」のシナリオで育ち、身に沁みる言葉を受けるチャンスのないまま大人になってしまった人は、砂漠のなかをさまよい続けているのかもしれません。

「人から認められたい」という欲求は誰にもあるものです。だからみな、「誰かが本当に認めてくれるなら、その人のために頑張ってみよう」という気持ちになるのです。

「君は足が速い。陸上競技をやってごらんよ」と認められた子は、自分を見出してくれたコーチのために頑張ろうとするのです。

隠れた才能や長所は、当人は自覚できないものです。しかし他人がそれを見いだし、肯定してくれると、「身に沁みる」のです。それは「肯定的人生」へと転換する大きなモチベーションとして機能します。

5章　たしかな自信をつけるヒント

「見返してやる」と思わない人は、努力できない

社会や人から「ナメられ」ていると思ってしまいがちな人には2つのタイプがあることを、前章で説明しました。一つは「お姫様・お殿様」扱いされて育った自己肯定型のタイプ。もう一つが、悪いのは自分だと思いながら「アイムノットＯＫ」パターンで育ってしまった自己否定型のタイプです。

いずれのタイプも、「ナメられ社会」から自分を守るために、防衛本能を過剰に発動させている場合が多いのですが、より深刻なのは後者の、自己否定をしながら育ってしまった人たちだと思います。

そこでこの章では、自己否定タイプの人たちが「たしかな自信」をつけて自己肯定ができるようにするためのヒントを処方してみましょう。

まず考えてほしいのは、自己否定的であっても、本人は何とかしてその自分で自分を苦しめる感情から脱却したいと考えているはずだということです。自分を否定してきた周囲

に対しても、「見返してやりたい」と思う気持ちが心の奥底に沈潜しているのではないでしょうか。

ひとつ例を挙げましょう。「おまえなんか、生まれないほうがよかった」と親に疎まれて育った人が、学校を卒業して自立し、必死に働いて貯めたお給料で両親にプレゼントを買って贈ったそうです。そのときの両親の反応は、相変わらず冷淡なものでした。喜ぶでもなく、感謝するでもなく、ただ品物を受け取るだけだったのです。

「それでもいい」と、その人は思ったそうです。自分はもう親に疎まれながらいやいや同居しなくてもいいのだし、これからは自分の思いどおりに生きていくことができるのですから、ここまで育ててくれた両親に感謝こそすれ、憎むことはない、と。

これを「虐待されたトラウマの克服」というのは少々オーバーだと思いますが、自立した社会人へと大変身を遂げるうえで、両親からさえも否定され続けた悔しさ、「いつか見返してやる」と思う気持ちがバネになっているのだと思います。

「見返してやる」と思うことは、決して悪いことではありません。「見返してやる」という気持ちを引き出すことができれば、「頑張る」ことができます。マイナス要素をプラスに転化できる要素が潜んでいます。

「自分も捨てたもんじゃない」と思わなければ、生きていけない

人に軽く扱われ、否定され、どう考えても「ナメられている」状況にあるのに、「わたしがダメだから、こんな扱いを受けちゃうのよね」と妙に納得してしまう人もいます。

しかし、そう思っている人も内心、「でもまあ、こんなわたしも捨てたもんじゃない」と、自分を肯定する気持ちがどこかにあるはずです。そうでなければ、人は生きてはいけないのです。

人からひどい扱いを受けて悩み苦しんでいても、翌日は起きてまた会社に行くし、学校にも行くことができるのは、心底というか、根っこの部分では「わたしは、ダメじゃない。いいところだってたくさんあるのだ」と、自分を信じる気持ちがあるからです。

しかし、自分を肯定する気持ちをはっきりと自覚できるかどうかは、なかなか難しい問題だと思います。「わたしは人に疎まれている」「ナメられている」と思わされてしまう状況に慣れてしまうと、「わたしもダメじゃない」と思う感情が麻痺していくというか、い

つしか忘れられてしまうのです。そして、人に軽く扱われた悔しさが反発のバネやエネルギーへと転化していかないのです。

「自分はダメじゃない、捨てたもんじゃない」と自覚し、日頃から自覚を促していくことは重要です。

自己肯定の芽は、すでに出ているのです。その発芽している自己肯定の芽を、充分に感じ取ることが肝要です。今はまだ小さな芽だとしても、「人がどう言おうと、どう扱おうと、わたしは捨てたもんじゃない」と思うことの繰り返しこそが、自己否定から自己肯定へと脱却していく方法です。

「ワタシハ、ステタモンジャナイ!」「ワタシハ、ステタモンジャナイ!」と呪文のように唱えてみてください。そう繰り返すことで、やがて展望が開けます。「ああ、やっぱりわたしも捨てたもんじゃなかった」のだと自覚的に認識できる瞬間が必ず訪れるはずです。「おまえって、何をやらせてもダメなやつだな」などと人に暴言を吐かれたとしても、「これは苦手ですが、得意なことはほかにあります」と言い返すことができるようになっていくのです。

あなたを動かす「起爆剤」を探そう

「わたしは愛されていた、だからわたしはここにいていいんだ」と、自分の存在価値を認める感情を見いだしていきましょう。

「なんとなく親から嫌われていた」とか、「いつも友だちからいじめられていた」というように、自分で自分を否定する言葉を口にしている人も、実際は、お誕生日にはお母さんがケーキを買ってきてくれたとか、七五三のときに晴れ着を着せてくれたとか、幸せな記憶はあるはずです。また、そのときの写真なども残っていることでしょう。

そういう写真を眺めてみれば、「ああ、わたしもまんざらでもないな」「それなりに愛されていたんだな」と思える。これが「わたしも捨てたもんじゃない」と自覚的に認識できる瞬間です。

「愛されていた」と認めることが、自己否定感からの脱却を促す起爆剤ともバネともなります。誰にも必ず、愛された体験の記憶があるはずです。自分の記憶のなかから、愛情にまつわる思い出を掘り起こしてみましょう。古い写真アルバムをめくってみましょう。数々の「愛された記憶」が整理されているはずです。その記憶がよみがえったとき、「自分はここにいていいんだ」という感情がわきおこるはずです。

I am here because you loved me.

あなたに愛されたから、わたしは存在している。

愛してくれた「あなた」というのは、家族や友人、恋人のことかもしれません。愛したくれた「あなた」が一人でもいれば、人は、自分の存在価値を認めて力強く生きていくことができます。

なかには、誰からも愛情を注がれなかった人、誰からも大切にされなかった人もいます。家庭内暴力や児童虐待のように、全面的に否定されている人は悲惨です。しかし、養護施設から学校に通った子だって、やさしい先生や保母さんたちとふれあった記憶を一縷のよりどころとして、人生に立ち向かっていくのです。「まだ自分は捨てたもんじゃない」と社会に適応していこうという人はいっぱいいるのです。

他者から愛されたがゆえに持てる「自己肯定感」は、生きていくうえで欠かせない原動力です。

自分で自分を決めつけない

人間を玉ねぎに例えてみると、玉ねぎの皮は、いま見えているあなたの姿です。人はみな、内面を包む外側をさらして生きています。外側の美醜は、玉ねぎの「味」には関係がありません。皮はちょっと傷んでいても、ひと皮むいたら中は真っ白で美しいかもしれない。もし仮に、中身も少し古くなって傷みかけているからサラダにはできなかったとしても、炒め物にしたら、いい味を出す玉ねぎだったりするかもしれない。

人間も同様です。外側の「見た目」だけで人を判断してはいけないということです。目に見える一部の要素だけをとりあげて、「あいつはダメだ」とか「自分はダメだ」と決めつけてはならないのです。玉ねぎは何層もの層を重ねています。人間もそうです。何層もの記憶や経験や心理などが重ねられているということです。

玉ねぎをむいていくと、最後に芯が残りますが、人という玉ねぎも、最後の芯に当たる部分に、「愛された」記憶というものがあるものです。この愛された記憶こそが自己肯定の道を歩ませる起爆剤になります。

「皮が傷んでる」「形がいびつだ」だから「自分はダメな玉ねぎ」なんだと思いがちだけれども、それは外側だけで判断し、中身まで含めたすべてを「全否定」していることになります。本質を見ずに否定しているわけです。

たしかに、八百屋さんの店頭では、形がきれいな玉ねぎが1個100円で売られているのにいびつな形をした玉ねぎは1山100円で売られています。しかし味に変わりはないのだとしたら、あなたならどちらを買い求めるでしょう。見てくれは悪くても、「刻んで食べてみたら味が濃くておいしかった」という場合だってあるのです。

「安物だ」「どうせ傷ものだろう」と決めつけて見過ごしてしまったらもったいないと思いませんか。外側からは見えない、内部の「よいところ」を発見することが大切なのです。

人間の場合も、その人自身が内部に持っているよさや魅力を見ようとせず、ダメだと決めつけて、雑に扱っていませんか。他人を雑に扱う人は、自分もまた、他人から雑に扱われることが多いのです。

「自分の存在を認めてもらいたい」という欲求の強さ

人はみな、「自分の存在を他者に認めてもらいたい」という欲求を持っています。言い換えるなら、「一目置かれたい」「軽く扱われたくない」「ナメられたくない」ということです。こうした欲求は、誰もが根源的に有しているもので、すなわち「本能」として持っているといってよいでしょう。

人が本来的に持っているこの根源的欲求を前提とした心理療法に、「ロゴセラピー」というものがあります。ロゴセラピーは、人が自ら「生きる意味」を見出すことを手助けすることで、心理的負担から解放させます。

人は、自らの「生きる意味」「人生の意味」を追い求めています。その「人生の生きる意味」が充たされないと、メンタルな障害や心に病をもたらすのです。

心に負担（悩み事）がある人（心的疾患者）は、自分の人生の意味に関して、自ら非常に限定的な制約を課しています。「生きる意味」を否定的にとらえているのです。

ロゴセラピーは、人に現状の生活状況の中で「生きる意味」についての評価の仕方を変える、すなわち否定から肯定へと変えることが出来るように、ケアしようとするものです。ロゴセラピーでは、実存主義的アプローチの方法として、次の三つを基本的仮説、前提としています。

1：「意志の自由」　人は様々な条件、状況の中で、「自らの意志で態度を決める」自由を有している。
2：「意味への意志」　人は「生きる意味を強く求める」。
3：「人生の意味」　それぞれの人の人生には、「人それぞれの人生の意味」が存在している。

つまり、人の主な関心事は快楽を探すことでも苦痛を軽減することでもなく、「人生の意味を見出すこと」なのだということです。

人生の意味を見出している人は、苦しみにも耐えることができるのです。

よりよく生きる基本は「己を知る」こと

厳しいことを言うようですが、「他人に軽く扱われた」「ナメられた」と感じることの多い人は、自分の「人生の意味」がわかっていないのだろうと思います。

自分がどのような人間であるかがわからなければ、「人生の意味」もまた、わからなくて当然です。

人生において最も大切なこと、そして基本となるのは、「己を知る」ことです。「己を知る」ことにより、「毅然としている」「ブレない」生き方が可能となります。

己を知ることにより、「分をわきまえる」こともできます。己を知らず、分をわきまえずに高い地位に就いたとしても、その役割を果たすことはできません。

作家の阿川弘之氏が書いた評伝『井上成美』には、「最後の海軍提督」と呼ばれた井上成美海軍大将が「生き方」として示した「出処進退の鮮やかさ、引き際の美学」というものが描かれています。

井上成美は日独伊同盟に強硬に反対し、日米開戦を回避しようとした人物です。早期の終戦講和の必要を説く、平和主義者でもありました。

その井上成美は終戦から2ヵ月後、終戦処理を終わり予備役編入となるや、三浦半島の丘の上に蟄居《ちっきょ》しました。このとき55歳、それから亡くなるまでの30年間、彼はいっさいの職業に就きませんでした。家財を売って糊口を凌ぎ、近所に住む子どもたちに英語を教え、ギターを弾いては「オールド・ラング・サイン」を英語で歌いました。

井上成美がたった一つ手元に残したのは、破れた海軍帽だけでした。その清廉な生き方は地元の人々の胸を打ち、野菜や魚貝が届けられるほか、「おらが大将」と呼ばれ親しまれていたとのことです。

毎年の旧海軍記念日に、井上成美海軍大将が破れた海軍帽を被り、日がな一日海を眺めていたという記述を読むと、それはおそらく、井上成美流の「たった一人の供養」だったのだろうと解釈できます。たった一人で戦争の責任を受け止め続けた30年に、敗者であり、その指導者でもあった人物の「引き際の美学」が見えるのです。

己を知っている人には、この美学が体現できるのです。

6章　自分を守りながら快適に生きていくコツ

「65パーセント主義」のすすめ

仕事や人間関係において100パーセント完璧を目指す必要はない、65パーセントでいいじゃないかと、わたしは考えています。これは、蓮舫さんがいう「世界で二番目じゃだめなんですか」とは意味が異なります。

100点満点で65点もとれば、充分合格点に達しています。あと35点分足りないけれど、その35点をとるぶんの努力をほかに振り向けてはどうか、ほかの事柄に興味や関心に向けることで、人生は格段に豊かなものになっていく、ということなのです。

あなたも、努力の方向性を少しチェンジしてみませんか。総体としての努力の量は、100点満点を目指すときと同じです。ただ、その努力の配分を意識的に調整してみるといいのではないかと思います。

仕事に追いまくられているときでも、映画を一本観るくらいの時間はとれるでしょう。その一本の映画を観ることで、行き詰まっていた心に風穴があきます。一本の映画で人生が変わってしまうことさえあります。

あなた一人が遮二無二頑張って仕事をこなし、１００点満点のパフォーマンスをしても、仲間の誰かが0点だったら、そのチームはいびつです。

でも、あなたが65点を達成し、同じ水準に達しない仲間をフォローして、65点の水準まで引き上げてあげるよう努力したなら、それは見事なチーム・プレーであるとして高く評価されます。

もちろん、全員が１００点を取れるに越したことはありません。しかし、誰か一人でも0点しかとれない者がいたならば、チーム全体の力量レベルはぐんと低下してしまうのです。

チームの全員が65点レベルに達したとき、そのパフォーマンスはバランスよく、美しいものとなります。

仕事も人間関係も、「自分だけ満点をとればいい」という心がけでは決して成立しえないものです。他者への目配りが必要なのです。

自分と他人のベクトルが交わる接点

人間に備わる能力は、「力」と「方向性」を持つベクトルというものにたとえることができます。

他者と協力しあうという行為は、自分と他者の能力のベクトルを収斂《しゅうれん》の方向に向かわせます。それぞれ別方向に向かって伸びていたベクトルが、互いの接点を求めて近づいていくのです。その接点となったところが、自分にとっても相手にとっても、現時点での能力の到達点、あるいは結果、成果ということになります。

そんなふうにして、仕事や人間関係は成長発達していくものでしょう。

意見の相違からくるぶつかりあいを避けていては、ベクトルは収斂していきません。

自分とは異なる意見の人に対して、「お説ごもっともです」と追従してばかりいるとき、両者のベクトルは重なりあって、一方向のベクトルしかない状態となります。よって、どこまでいっても収斂ポイントがありません。

その反対に、ある特定の人物にことごとく逆らっていたら、両者のベクトルは対極の方向へと向かいます。この場合もやはり、収斂ポイントがありません。

ベクトルの力が発揮できるのは、他者と少し異なった見方や考え方を提示したときです。たとえば会議などでは、人と違った見方や考えを発表することも必要なのです。それはチーム全体にとって有効なサジェスチョンとなり、各人のベクトルが収斂するポイントをはるか遠くへ伸ばすことにつながります。

平面上にX軸をひき、それと垂直に交わるY軸をひくと、平面は四つの区画に別けられます。右上の区画は第1象限（＋＋の領域）、左上の区画は第2象限（－＋の領域）、その下に位置する左下の区画は第3象限（－－の領域）、その隣の右下の区画は第4象限（＋－の領域）です。

第1象限（＋＋の領域）45度の方向にベクトルを引くことのできる人が、チーム全体の軌道修正のために、あえて第3象限（－－の領域）にベクトルを向かわせることもあります。一見マイナスに見える仕事を遂行することで、第3象限（－－の領域）にいる人物のベクトルと自分のベクトルを収斂させ、第1象限（＋＋の領域）へ方向転換させることができるのです。

人生にGOODもBADもない

仕事を成功に導く鍵は、「人と人のベクトル」を第1象限（＋＋の領域）の中で伸ばし、X軸（縦軸）・Y軸（横軸）ともに＋の値が高いポイントで収斂させることです。

しかし、人生は仕事だけで成り立っているわけではありません。健康状態、趣味や遊び、恋愛、家族関係など、さまざまな要素が人生を構成し、満足度と幸福度を決定づけます。

X軸（縦軸）とY軸（横軸）が交わるゼロの地点が「誕生」の瞬間だとすると、年齢を重ねるにしたがい、右方向に移動していきます。1歳のときはプラス1の地点、60歳になったときはプラス60の地点に到達します。

仮に100歳まで生きるとして、終生変わることなく、第1象限（＋＋の領域）の中で過ごせる人は幸いです。＋100の地点に届かずに、＋10から＋50、60のあたりを行ったり来たりしている状態であっても、ともかく＋の領域に留まっていられる間は、人生安泰だということです。

けれど、時として人生は大荒れに荒れ、第3象限（－－の領域）に転落することがあります。病気、失業、破産、離婚、あるいは愛する人との死別など、さまざまな災厄がふりかかってくることがあるのです。

そういうBADな状態で人生の終焉を迎えねばならないとしたら、その人生は失敗だったということになるのでしょうか。わたしはそうは思いません。どのような状態で終わるにせよ、「人生は可もなし不可もなし」という気がします。誰もがゼロからはじまり、ゼロに還っていくのです。大切なのは、どこでどう終わるかという「結果」ではありません。そこに至るまでの「プロセス」にこそ、見るべき価値があります。

よい時期もあったし悪い時期もあった。その振幅の幅が大きい人は、＋98の天国からマイナス98の地獄まで味ってきたことでしょう。生まれてから死ぬまでずっと＋10のラインにいて、単調に生きてきた人と比べたら、どちらがより幸福だったといえるのでしょう。

わたしは、前者のほうがより豊かな人生を歩めて幸せだった、と思うと同時に、両者とも「生きた」ということの価値に変わりはない、と言いたいのです。

未来の自分に「ありがとう」

ロンドン五輪女子トライアスロン代表に選出された上田藍選手は、毎日ノートをつけているそうです。代表に決定するまでは「五輪代表決定をありがとう」と書いていました。目標達成した未来の自分を想定し、その目標をクリアできたことを「ありがとう」と感謝の言葉で締めくくっていたのです。そして今は「ロンドン五輪金メダルをありがとう」と書いているとのことです。

このように、限りない自己肯定感の発露により、よい意味での自己暗示をかけることができます。

その際に重要なのは、「ありがとう」という言葉を書くことです。

上田藍選手の場合は、誰に対して「ありがとう」と書いていたのでしょうか。一つは、目標を達成した自分自身に対する感謝の言葉としての「ありがとう」でしょう。もう一つは、苦楽をともにするトレーニングコーチや監督、両親、友人、同僚たちなど、支援し応援してくれる人々へ向けての「ありがとう」でしょう。

人は、一人で生きてはいないのです。他者に支えられているからこそ生きているのです。他者に感謝する謙虚な気持ちは、ともすれば傲慢になりがちなわたしたち人間にとって、よいブレーキとなります。傲慢さを捨て、謙虚であろうと努めることは非常に大切です。他人はこの謙虚さを、決して否定したり見くびったり軽んじたりはしません。

そしてもう一つ重要なことは、物事が順調にいっているときほど、謙虚であらねばならぬということです。

上田藍選手は五輪代表に選ばれました。ということは、同じようにロンドン五輪出場を目指していた選手たちの何人かは代表になれなかった、ということです。この敗者へ向けるまなざしを持っていることが重要です。

勝者は、たくさんの敗者たちがいてこそ存在する。その事実を認識し、負けた人々に対する「感謝」の気持ちを忘れずにいる。そうすることで、勝者は敗者たちから怨まれることもねたまれることもありません。

「実るほど頭を垂れる稲穂かな」という言葉のとおり、謙虚さと感謝の気持ちを持ち合わせていれば、誰からも「一目置かれる」人になっていきます。

ラッキー・コインを持つ

アメリカ西部開拓時代の昔、アメリカン・ドリームを夢見てゴールドラッシュの西部へと、幌馬車を連ねて旅する人々がいました。

そのなかには、ワイアット・ワープやビリー・ザ・キッドやドク・ホリデイなど、列車強盗あるいは銀行強盗のお尋ね者、いかさま賭博師も混じっていました。ところが、そんな悪漢たちも行く先々で、町の治安を守る用心棒に雇われたり、保安官に転身することもあったのです。

ダルビッシュの入団したテキサス・レンジャーズの「レンジャー」とは、テキサスの町の治安を担った保安官たちのことです。保安官となった「元お尋ね者」たちを含め、生き馬の目を抜く西部開拓時代を生きた荒くれ者たちは、今なお人々の心に「アメリカンヒーロー」として生き続けています。

その荒くれヒーローたちは、それぞれお気に入りの金貨をラッキー・コインとして胸ポケットに入れ、お守りがわりとしていました。当時、通貨コインは各州で発行されていたので、じつに数多くの種類がありましたが、発行数が少なく、傷のない、きれいな年代物の金貨を見つけると、「こいつは縁起がいい」と「ラッキー」を感じたのでしょう。

「この稀少な金貨があるうちは、俺はポーカーで負けることもない。インディアンに襲われることもない」と考えるわけです。一種の自己暗示なのですが、ラッキー・コインを手放したとたん、ツキに見放され、撃たれて死んでしまった。そんな昔話が全米に伝わっています。

自分が「ラッキー」でいられると思えるものを身につけていると、心が安定し、自分の行いに対して肯定的になれます。つまり、自信をもって振る舞えるのです。

あなたも、アメリカン・ドリームをほうふつとさせるラッキー・コインを身につけてみませんか。金貨でなくても、ブローチ、ペンダント、ライター、腕時計など、あなたが特に気に入っていて、稀少価値のあるものなら何でもいいのです。

そのラッキー・アイテムがあるかぎり、「ナメられやしないよ」くらいに考えてはどうでしょう。そこには切迫した危機感はありません。遊び心という余裕があります。

プラモデル、箱庭、人形遊びの効果

プラモデルつくりは、気分転換をはかってストレスを解消するうえでよい方法です。

若い読者の方なら、子供時代のプラモデルつくりはきっと「ガンダム」だったでしょう。ガンダムのプラモデルを「ガンプラ」と呼び、組み立てから彩色まで熱中した覚えがあるのでは？

プラレールやトミカも集めませんでしたか。

女性だったら、リカちゃんハウスやバービー人形で遊んだ懐かしい思い出があることでしょう。

本屋さんの店頭に、付録としてプラモデルがついた分厚い「本」が並んでいるのはご存じですか。定期的に発行されるシリーズ企画の本で、初回は約半値の低価格に設定されています。毎号買ってプラモデルを組み立てていくと、立派な蒸気機関車の鉄道模型や五重塔を配した日本庭園が完成することになっています。でも途中で挫折してしまって、結局、最後までたどりつかないというアレです。

最後まで続けられなくても、少しずつ、こつこつ積み上げることで「達成感」を実感できるという点ではすぐれものです。

ステップ・バイ・ステップで鉄道模型をつくりながら、HOゲージからNゲージにお気に入りのミニチュア列車を走らせてみましょう。このときあなたは、心の中で「物語」をつむいでいるはずです。幼い日、両親と乗った電車の窓から見た風景に思いを馳せる、なんてこともありそうです。そうした行為により、物の見方は一つではなく、俯瞰（全体を大きく見渡すこと）、鳥瞰（鳥が空から見おろすように、高い所から広い範囲を眺めること）など、多面的な見方があるのだと気づくきっかけになります。

女性の場合は、ドール・ハウスづくりのほうがお気に召すかもしれません。「こんな家に住んでみたい」という夢を託しながら、可愛いミニチュア家具を一つずつ増やしていくのは楽しい作業でしょう。

枯山水を模した水盤に盆栽を育てれば、小宇宙の誕生です。ペーパークラフトの住宅模型や建築模型を手がけるようになったら、サイド・ビジネスとして成り立つ可能性だってあります。

ペットと「気づかいのない社会」

迷子になったインコが「サガミハラシ……」と住所を言えたので、無事飼い主のもとに戻されたという実話があります。そのインコの名を「ピーちゃん」といいます。インコのピーちゃんです。

飼い主一家はピーちゃんの帰還をさぞ喜んだことでしょう。大切なペットを失い、落胆のあまり食欲さえなくしていたのが、とたんに元気回復したに違いありません。

家族の一員としてともに暮らすペットたちは、飼い主の愛情、やさしさ、良心、無垢など、よい面をたっぷりと注ぎ込まれた存在です。ですから、人間にとってペットは、まるで天使のように感じられることもあるのです。

『ベンジー』『百一匹ワンちゃん』『クイール』『ハチ公』など、動物を主人公にした映画はたくさんあり、いずれもヒットしました。『南極物語』もタローとジローのエピソードが一つの核をなしていますが、ただ「かわいい、けなげだ」だけでなく、その根底には、命あるものへの尊敬と愛情が横たわっています。

動物に親しむことで「癒し」が与えられるというのは、すでにみなさんもご存じのとおりです。癒しの効用があるのは、命ある生き物に我々が愛情を持って接するからです。

老人ホームに「癒し」用の動物ロボットが登場する時代ですが、動物ロボットも動物のぬいぐるみも、所詮はフェイクです。生きてはいないのです。

できるならば、生きている動物に親しみたいものです。マンション生活でワンちゃんネコちゃん禁止という場合には、インコでいいのです。インコも家族の一員になります。「飼っている」という意識はじきになくなり、一緒に暮らしている、一緒に生きていると思えるようになるはずです。

生き物ですから、人間と同じように体調を壊し、食欲がないときもあります。それを気遣う体験をし、「元気になってよかったね」と喜ぶ心を養いたいですね。

他者を丁重に扱わない、自分のことだけで精一杯、というような「気遣いのない社会」にあって、命ある動物たちに親しみ、大切にすることは、他者に対する愛と尊敬を育むよい処方箋となります。

セロトニンを味方につける

人間がほかの動物と異なる点は、直立二本足歩行をし、手を使って道具をつくることです。歩くことをせずに車に乗ってばかりいる人は、人間としての原点を忘れています。厳しい言い方をするなら、人間であることを拒否しているようなものです。

「歩く」ことによって、人は心の安定を得ることができます。一定のリズムで歩き続けることにより、精神の安定をもたらす「セロトニン」というホルモン物質が脳内に分泌されるからです。

現代人はあまり歩かなくなったため、セロトニンが不足しがちです。そのことが「うつ病」増加の一因であるとする説もあります。

鉄道が登場する以前、人は基本的に「歩いて」移動していました。松尾芭蕉、伊能忠敬、新撰組、黄門さま、弥次さん喜多さん、みんなせっせと風景の中を歩きました。歩いて、旅の達人となったのです。

アリストテレスが創設した古代ギリシアの哲学者グループ「逍遥学派」は、散歩をしながら哲学問答することをモットーとしていました。

日本を代表する哲学者、西田幾多郎が散策した琵琶湖疏水沿いの道は「哲学の道」と呼ばれ、日本の道百選に選ばれています。

一歩踏み出すごとに視界が変化し、肌に感じる風も変わっていく。だから脳が活性化し、新たな「思考」が生まれるのです。

歩きましょう。短い時間でもかまいません。歩くことが健康にいいのは言うまでもありません。しかしもっと重要なことは、歩くことで人間の原点を再確認できることです。

スポーツジムに通ってウォーキングマシーンの上を歩くのではなく、ご近所を散歩することをおすすめします。同じ風景でも、朝と夕方では表情を変えます。季節の移ろいやさまざまな変化が、皮膚感覚として伝わってきます。

散歩は、小さな旅なのです。日々の生活の中で「非日常」を味わってください。それは単なる気分転換に留まらず、観察力と洞察力の訓練にもなります。

「歌」の意外な癒し効果

心療内科的治療の一方法としての「音楽療法」に確かな効果が期待できるということは、広く一般に知られています。

音楽は、耳から脳に伝わるリラクゼーションです。

音楽を聴くだけでなく、自ら楽器を演奏したり歌ったりすることは、さらなる癒しの効果が望めるうえ、「自分自身を知る」ためにもよい方法です。

自分はどんな音楽や歌が好きなのか、探っていきましょう。

子供時代に聴いた歌は、幼い頃の記憶をありありと思い出させてくれます。青春時代によく聴いたヒットソングは、その当時の心持ちをいきいきとよみがえらせます。

童謡、唱歌、歌謡曲、ロックでもジャズでも、あなたが大好きな曲を口ずさむ機会を増やしていきましょう。

カラオケで歌うことはあまり得意ではないけれど、歌や音楽は大好きだという人なら、お風呂の中で思いきり歌ってみることをおすすめします。

バスルームは、天然のエコー装置が備わるスペシャル・カラオケ・ボックスです。歌唱力のない人でも、それなりに「うまく」聴こえます。

ゆったりとお湯につかって一日の疲れを癒しながら、お気に入りの歌を歌っていると、確実にストレス解消になります。

「人前で歌ったほうが楽しい」という人は、カラオケでストレス発散しましょう。歌が上手な人は「一目置かれる」というのは事実のようです。

合コンの2次会でカラオケに行き、それまでの流れが急に変わってしまったという話も実際よく聞きます。居酒屋での1次会の席ではまるで女性に相手にされなかった男性が、歌わせてみるとこれがなぜか格好よくて、「あの歌を聴いて、好きになっちゃったの」と言われたりするのです。

今やカラオケは、日本が世界に誇る文化の一つです。英語圏では「Karaoke」(「キャリオキ」と聞こえますが)、中国語圏なら「卡拉OK」(kǎlā OK)、ロシア語では「Караоке」など、諸外国で日本語そのままに「カラオケ」と言って通じます。

パソコンや携帯・スマホでなく自分の手で字を書く

日記をつけるという行為は、自分を知るためのよい方法です。その日の出来事を記すだけでなく、自分がどう感じたか、どんなことを考えたか、ごく簡潔に短い文章を書くだけで、自己分析と内省をすることができます。

自分を知り、よく理解している人は、他人との距離感も自ずと推し量れるはずです。これができれば、「ナメられたり」「軽んじられる」ことはありません。

その時々の思いを伝えるために、両親、友達、恋人など、大切な誰かに向けて手紙を書くというのもいいですね。その手紙を投函してもしなくてもいいのです。思いをこめて書く、ということに意義があります。

たまには書道をしてみる、というのも、よい方法です。気持ちを鎮め、真っ白な半紙に向かって墨筆をおろしていきます。心の安寧がなければ、墨筆はうまく運びません。心が安寧している人とは、中心軸がぶれない人のこと。中国では、それを「大人（ターレン）」

と呼びます。

書道の延長上に「写経」という行為が生まれます。経文を写して寺社に奉納します。こうして心の安定をはかり、言霊に託して願をかけるわけですが、それは現世利益も含め、自己実現を祈念する行為です。

文字や文章を書くことの効力を4種類挙げてきましたが、携帯電話のメールやパソコン打ちの文章では、効力は半減してしまうでしょう。

人間は足を使って歩き、手で道具を使ってこそ、成長発達していきます。そうした意味で、散歩と料理は欠かせません。

仕事や学業でパソコンや携帯メールを活用することが悪いというわけではありません。しかし、時には自分の手で文字を書く、文章を綴るという営みを忘れてほしくないと、わたしは思っています。

ムカムカ・イライラしたときに叩くものを用意しておく

日々のストレスケアは大切です。疲れたときは素直に「疲れた」と認め、仕事なんかほっぽり出して休むようにしたほうがよいでしょう。

ところが、特に男性はメンツにこだわるというか、プライドが高いというか、自分の弱さを認めたがらない傾向があるため、無理に無理を重ねて頑張り通してしまうような危うさがあります。

通常のストレスレベルであれば、放っておいても自然と元気を回復しますが、お酒を飲んでも、散歩をしても、カラオケで騒いでみてもストレス発散できないとなると、身体の不調を招くなど、後々やっかいなことになります。

そんなときは、ストレスの原因となっているものを何かほかのものに置き換え、イメージの中で叩きつぶして気分をスッキリさせてください。

一番いいのは、ボクササイズのジムでサンドバッグを叩くことです。サンドバッグを憎らしい誰かさんだと思って、力の限りに殴りつけてください。

30分も殴り続けていると、心に巣食っていたムカムカ・ウツウツ・モヤモヤがきれいさっぱり吹き飛んでいます。汗と一緒にストレスホルモンが排泄されるからです。体を動かして汗を出す行為は、非常にすぐれたデトックス効果があるのです。

クッションや枕をボロボロになるまで叩く、憂さ晴らしに飲んだビールの空き缶を踏みつぶす、というのも効果的です。

「もうこれ以上は殴れない」と力が尽きる頃には、きっと新しい自分に生まれ変わっています。

「こんなにムキになっちゃって、わたしいったい何をやってるのかな」

「俺もたいした男じゃないな。ま、しょうがないから明日も会社に行くか」

と、そんな気分になっているでしょう。心がすっと楽になり、ストレスに立ち向かっていく活力を取り戻すわけです。

7章　主体的な〝いい人〟になろう

各駅停車で〝G感覚〟を味わう生き方

わたしが思うに、一流企業に就職し定年まで勤めあげるというのは、時速200キロの猛スピードで走る新幹線に乗っているようなものです。目的地に素早く到着できるという点はいいのですが、ひとたび走り出したら、移り変わっていく窓の景色を眺めるゆとりがありません。人生という「旅」を楽しむことはしづらいでしょう。

「生きていてよかった」と思える瞬間というのは、たとえ時速20キロ程度のノロノロ運転であっても、徐々にスピードを上げていくなかでふいに訪れるものだというのが、わたしの実感です。

停車していた列車が走り始めるとき、体にぐーっとG（重力加速度）を受けます。「さあこれから走り出すぞ」と高揚感を覚えます。人生においても、これとよく似た高揚感の訪れる瞬間があります。

わたしの場合は、念願の仕事に就けたときなどがそうでした。「さあこれからが人生の本番だ」と希望に燃え、生きていることへのたしかな手応えを実感しました。しかしほとんどの場合、いざ本番がスタートしてみると、当初の高揚感は薄れていきます。慣性の法則にしたがって惰性で走っているような状態になります。

時速200キロで走り続ける一流企業のエリートたちも、入社試験に合格したときはそりゃあ嬉しかったでしょうが、その喜びもいつしか醒め、何の感動もなくなってしまうのではないかという気がします。

新幹線で目的地へ突進するよりも、在来線の各駅停車で、突っかえ突っかえ進むような人生のほうが、奥行きも広がりも感じられます。

それに、各駅停車の列車に乗っていれば、走り出すときに感じるあの高揚感を何度も味わうことができます。忘れかけていた喜びや感動が、その都度、よみがえります。

だから人生は山あり谷ありのほうが面白みがあっていいのだと、わたしなどはそう思っています。

サバイバル能力とは、変化を恐れないこと

たとえ話になりますが、もしも東京から大阪行きの新幹線に飛び乗ったつもりが、何らかの事情で各駅停車の鈍行に変わってしまったとしても、それはそれでいいじゃありませんか。名古屋あたりで降りてみることにして、きしめん、味噌カツなど美味しいものをいろいろ食べ歩いているうちに、「超特急で名古屋を素通りしなくてよかった」と思えてくるでしょう。

変化することを恐れずに、変わっていく自分を楽しんでみましょう。臨機応変に、その場その場の楽しみを見つけていきましょう。

今のように変化の激しい時代には、どんな状況にあっても楽しみを見つける能力がなければ、とてもじゃないがやっていけません。変化していく状況への適応力が必須なのです。

たとえば、残業代がカットされて居酒屋通いもままならないときは、まっすぐ家に帰って晩酌をするという適応方法があります。これならフトコロが痛まないうえ、おとうさん

が早く帰ってくるようになったと家族に喜ばれます。

アテにしていた仕事の話がだめになったとしても、落ち込むばかりが能じゃありません。適応力のある人は、「別の仕事を手がける余裕ができた」と、視点を変えることができます。世の中「捨てる神あれば拾う神あり」で、あちこち声をかけてみれば、それまで思いもよらなかった仕事が舞い込むチャンスに恵まれるのではないでしょうか。

非日常的な行動を起こしてみるのもいいですね。異業種の人たちと誘いあわせてジョギングをしたり、鎌倉の寺に禅を組みに行ったりと、いつもと違う何かを経験することで適応力が養われ、内面的なキャパシティが広がります。

今日出会えるものを大切にしましょう。あの人、この人、あんなチャンス、こんなチャンス、と全部とりこぼさないように向き合うことで、変化に強い適応力が養われます。

変化に強い適応力とは、いざとなれば真っ先に安全な場所へ避難できること、攻撃を受けても機敏に切り抜けられること、必要とあらば敵に刃向かっていけることです。

生きていくうえで何より必要なもの、それはどんな環境にも適応して生き抜く力、つまりサバイバル能力なのです。学歴や地位などは二の次です。

「完璧な自分」なんて、目指してはいけない

一般に、「何でもできる完璧な自分を目指して向上心を持つのはよいことだ」とされています。しかし、完璧であることを目指さなければならない理由など、よく考えてみれば何一つとしてありません。

「親が望む職業に就いて、期待に応えたい」

「妻として母としてパーフェクトに役割をこなし、一人の女性としても輝いていたい」

というように、家族や周囲の目に映る「完璧な自分」を追い求めても、それは他人の満足のために自分を犠牲にすることにしかなりません。

「自分らしく生きて心の満足を得る」「何があっても自分らしく生き延びる」ためには、完璧な自分など目指してはいけないのです。

完璧ではない、未完成であるということは、発展途上にあるということです。これからいくらでも変わっていける余地が残されていますから、状況の変化に柔軟に対応できます。

そういう人こそ、これからの時代に向いています。

「今の生活を変えたくない。幸せを壊したくない」と現状にしがみついている人よりも、変化に際してしなやかに対応できる人のほうが、人に好かれ、「困っているときはお互いさま、応援するよ」と言ってもらえることが多いのではないでしょうか。

勉学に励む学生さんたちも、全科目100点満点を目指さなくていいんです。苦手な科目で20点しかとれなかったとしても、考えようによっては「20点もとっている」のです。苦手科目を克服しようと無理をして勉強嫌いになるくらいなら、得意科目に集中してみっちり勉強するほうが、将来のためによほど役立ちます。

そういう学生は将来、仕事の現場でも自分の得意分野を活かして頭角をあらわす可能性に満ちています。数字には弱いが口が達者で営業成績をぐんぐん伸ばすとか、学生時代から得意だった英語に磨きをかけて外国との商取引を成功させるなど、何かしら大きな仕事をやってのけそうです。

すべてをソツなく平均的にこなす人よりも、だめな点はいろいろあるが「これだけは絶対に人に負けない」と自慢できるものを一つでも持っている人のほうが、魅力・適応力ともに富んでいます。

新しい環境になじむ秘訣

転勤や転校、引越しなどで環境が変わると、新しい環境に慣れるまでに精神的な負担がかかります。特に、人間関係では少なからずストレスを強いられます。

たとえば、マンションを買って引越したところ、隣人がそのマンションのリーダー的な存在で、ゴミの出し方にまで文句を言われるようなことがあれば、毎日の生活が憂鬱にもなるでしょう。

しかしほとんどの場合、口うるさく言われるのは、理由があってのことです。マンションのルールをよく知らない新参者がうっかりルール違反を犯してしまうのはよくあることなのです。

それなのに、ちょっと文句を言われただけで挨拶も交わさないようになってしまえば、ますますとげとげした関係になっていきます。

新しい環境のもとでは、リーダー的な存在の人に教えを請う謙虚さが必要です。昔は、引越しをしたらまず、向こう三軒両隣に引越し蕎麦を配り、「末長いおつきあいをよろしくお願いします」と挨拶をしたものです。

こういう古き良き習慣は今の時代にもとても大切です。「向こう三軒両隣に引越し蕎麦」というのが大袈裟なら、せめて隣人にだけは菓子折りでも持って挨拶に行くとよいでしょう。

引越しをしてからだいぶ時間が経ってしまっているなら、自分の郷里の名産品などを持参し、「これ、実家の近くで有名なお菓子なんですよ。お近づきのしるしにお持ちしました。どうぞ召し上がってください」いうようにすれば、自分の出身地を知らせることもでき、名産菓子をきっかけに話題が広がっていくでしょう。

「見知らぬ隣人」「なんとなく気まずい関係」だった他人同士が、お互いの出身地や家族構成までわかっている「親しい隣人」に変わるのです。

そういう努力をせず、「近寄らないで、話しかけないで、文句を言わないで」と言わんばかりのバリアを張っていては、新しい環境に溶け込むことはできません。自らバリアをほどき、相手に近寄っていく。それ以外に、新しい環境やコミュニティに素早く馴染んでいく方法はありません。

他人の目なんか気にしない

他人にどう見られているか、どう思われるかをつねに気にしている、ということはありませんか。少しでもよく思われたいという心理が、無意識のうちに態度にあらわれていませんか。

男性の場合でいえば、電車のシートに腰掛けて脚を大きく広げているのは、「こう見えて、実は俺は強いんだぞ。ナメんなよ」とアピールしているわけです。

女性の場合は、人と話すときに声のトーンが高くなるということがよくあるでしょう。あれは、ちょっと高めの澄んだ声で女らしさを演出できると思い込んでいるせいでしょう。しかし実際は、そんなことでその人のよさや魅力が伝わるものではありません。むしろその反対に、「無理しちゃって」と反感をかうことのほうが多いのではないでしょうか。

中高年の男性が、残り少ない頭髪を無理やり額のあたりに集めて薄毛を隠そうとすれば、不自然きわまりない髪型になります。「あんなことをするぐらいなら、いっそ潔くハゲていたほうが素敵なのに」と思ってしまうような例は、よくあることです。

少しくらい髪が薄くたって、そんなことはまったく気にならないほど素敵な男性もいるのです。スキンヘッドがとてもよく似合い、セクシーな魅力をふりまいている男性もいます。

頭髪や体型など、コンプレックスを感じている部分があるのなら、そんな自分を笑い飛ばすぐらいのおおらかさを持ちたいものです。そのおおらかさに、人は惹きつけられるのだと思います。そして、おしゃれのセンスがいいとか、話が面白いとか、その人なりのよさを打ち出していけば、そこに惹かれるという人は必ずいるはずです。

「他人の目を気にしすぎると、自分も周りも疲れる」

「無理に自分を変えようとすると、かえって格好悪くなる」

と気づいてください。

「幸せにして」よりも「幸せにしてあげる」

女性が男性に望むものは、ハンサムで、優しくて、頭がよくて、仕事もでき、収入も申し分なく、「この人と一緒にいれば幸せになれる」と思わせてくれることでしょう。

しかしその男性もまた、「この女性なら自分を幸せにしてくれそうだ」と思える相手を探し求めているという場合もあるのです。

「僕を幸せにしてくれる女性を選びたい」と思っている男性に対して、女性のほうでも「わたしを幸せにしてちょうだい」と要求していたら、どこまでいっても二人の仲は進展しません。

彼が求めているのは「自分を幸せにしてくれる女性」であって、「自分が幸せにしてあげたい女性」ではありません。「幸せにしてちょうだい」と要求するタイプの女性は、彼には必要ではないのです。

そんな彼を恋人にするにはどうすればいいのでしょう。答えは簡単、彼が必要としている女性になればいいのです。「わたしを幸せにして」ではなく、「わたしがあなたを幸せにしてあげる」と言える女性になればいいということですね。

「わたしといると楽しいわよ、幸せになれるわよ」と自分を高く評価するのは、とても素敵なことです。「わたしはOK、あなたもOK、ほかのみんなもOK」と捉えることができています。自分を尊重するとともに、他者を尊重しているということです。

人はみな、「愛されたい」という底なしの欲求を持っていますが、「愛したい」という欲求も根源的に持っています。そうした自然の摂理に逆らわず、その人を好きだという気持ちを素直に肯定しましょう。そして、自ら率先して愛を注いでいきましょう。

他者を丁重に扱わない、自分のことだけで精一杯、というような「気遣いのない社会」にあって、せめて恋人同士や夫婦の間では、「相手を思いやり、喜んでもらえるようにすることが自分にとっても大きな喜び」という愛情あふれる関係をつくっていけたら素晴らしいと思いませんか。

ひいては、親子、兄弟姉妹、友人、仕事の仲間など、関わりのあるすべての人と円満な人間関係を築いていきたいものです。

人生のハンドルを握っているのは自分自身

誰もが当たり前のように終身雇用制に頼り切っていた高度経済成長期と違い、働き方そのものが大きく変化しました。派遣社員、契約社員、在宅でできる請負仕事など、多種多様の労働形態が生まれています。

そのいっぽうで、アルバイトの口もなくて困っているという人が少なからずいることは、わたしも承知しています。

解決策は個々のケースにより異なるため、一概にこうすればいいとは言えません。ただ一つ言えることとは、どんな場合にも選択と決断を下すのは自分自身だということです。

・勤務先の会社が潰れないように全力で業績を上げる。
・あるいは、会社が潰れる前に見限って転職する。
・生活のために複数のアルバイトをかけもちする。
・もしくは家族総出でアルバイトをする。

・少額の元手で始められる商売をやってみる。
・家賃の安いところに引越す、あるいは実家の両親と同居する。
さまざまな選択肢がありますが、誰だって仕事や生活の質を落としたくはありません。

だが、そうせざるを得ないほどの苦境に立たされてしまうことはあり得るのです。

そうなったときのために、「これだけは絶対にゆずれない」というものを口頃から明確にしておくこと、「こういうやり方でなら踏ん張れる」と思える方法を決めておくことが大事です。

すると、腹が据わるというのでしょうか、不安がすっと消えてなくなる瞬間があります。

逆に、人に「ああしろ、こうしろ」と言われて従っている限り、不安はなくなりません。人任せの状態では、その人の気分や感情、社会的な浮き沈みなどでいつどうなってしまうかわからないからです。人の助力を仰ぐのはいいけれど、人に依存してしまったら「負け」なのです。

依存度の高い人ほど不安は強くなっていきます。逆境を跳ね返す心労よりも、自分の心が生み出す不安にやられてしまうこともあるので用心してください。

失敗や挫折も生き甲斐のうち

長い人生、一度や二度の挫折があるのは仕方のないことです。誤解をおそれずに言えば、「挫折も生き甲斐のうち」と、わたしは捉えています。

挫折はしても、自己決定のもとに行動を起こして何がしかの成果を得れば、それは立派な生き甲斐となります。

しかし、人に命じられて嫌々ながらやったことは、たとえそれがどれほどうまくいっても、生き甲斐とはなり得ません。

「どんなときも自分のことは自分で決める」

「人生のハンドルを握っているのは自分自身」

と言えるように、毅然とした態度を貫きたいものです。その心意気があるかどうかで、今後の展開が違ってきます。

自分自身が「こうする」と決めたことであれば、思いのほか苦もなく貫徹しやすいのです。やってみてから、ここがまずかったなと思う点が出てきても、やり直しがしやすいのです。

大切なことなので繰り返しますが、「これだけは絶対にゆずれない」というポイント、「こういうやり方でなら踏ん張れる」と思える方法を、よく考えてみましょう。

自分がなぜそうしたいのかよく考えもせずに行動しても、結局は何も変わりません。仕事でいうなら、勢いにまかせて会社を辞め、新しい仕事をちょっと「つまみ食い」しては、また転職するということのくり返しです。

まずは目の前にある仕事をきちんと「完食」しましょう。一つの仕事を少なくとも3～5年続けると、仕事のツボがのみこめます。するとなぜか不思議と、他の仕事のツボまでわかるようになっていきます。

たとえば、マンション販売の営業職のツボをつかんだ人は、車の販売をやらせてもうまいものなのです。

営業職から商品企画の仕事に移っても、顧客のニーズがどこにあるのか、どんな商品をどのようにアピールすればよいのか読めるはずです。

「今の仕事がつまらない」と感じている人は、まずその仕事から学べるものを学びつくしてしまうことが得策です。

いずれ転職をするにしても、仕事のツボをおさえてからのほうが断然有利です。「次はどんな仕事にチャレンジしてみようか」と考えるのは、3年後、5年後でもじゅうぶん間に合います。

おわりに

昨年、東日本大震災後の最初の国賓として、ブータンの若き国王ご夫妻が来日されました。

国王ご夫妻は被災地を訪問され、被災者を励まされ、御霊に合掌されました。国家元首として毅然としていらしたのはもちろんのこと、人としての思いやりに満ちた姿を拝見し、わたしも深い感銘を受けました。

ブータンは、「国民総幸福感」の高さで知られる国です。

１９７２年、ブータンの前国王はこう提唱しました。

「ＧＮＰ（国民総生産）で示されるような、金銭的・物質的豊かさを目指すのではなく、精神的な豊かさ、つまり幸福を目指すべきだ」

これを受けて政府は具体的な政策を実施し、その成果を客観的に判断するために、2005年以降、2年ごとに、国民一人あたり5時間の面談調査を実施しています。

聞き取り調査の項目として、

(1)心理的幸福
(2)健康
(3)教育
(4)文化
(5)環境
(6)コミュニティ
(7)良い統治
(8)生活水準
(9)自分の時間の使い方

と9つの構成要素があるそうですが、「あなたは今幸せですか?」という問いに対し、約半数近くの国民が「とても幸福です」と回答し、半数超の国民が「幸福です」と回答しています。

寛容、満足、慈愛、怒り、不満、嫉妬を心に抱いた頻度を地域別に聞き、国民の感情を示す地図を作ることにより、どの地域のどんな立場の人が怒っているか、あるいは慈愛に満ちているのか、一目でわかるとのことです。

日本を含め、国民総生産の高い先進各国では、右肩上がりの高度経済成長はすでに頓挫し、それでもなお金銭的豊かさへの追求はやまず、金融工学による金融商品を開発しましたが、それも大きな傷を残して、破綻しました。お金に頼る幸福追求とは別方向の価値観が求められる時代となって、すでに久しいのです。

先進国でうつ病に悩む人が多いのはなぜなのか、という問題もあります。物心ともに豊かで幸福な社会はありうるのか、それとも、物質的には貧しくとも心おだやかに暮らせることがすなわち幸福な社会であるのか。

その答えを、ここでわたしが一概に述べることはできません。「幸せな社会」とは、個々の価値観により大きく異なるものだからです。
〝いい人〟というキーワードからいろいろと考えてきましたが、確かなことは、幸福とは、「自己を知る」ことによって、自らが決定するものだということです。

鴨下一郎

青春新書
PLAYBOOKS
人生を自由自在に活動《プレイ》する

人生の活動源として

いま要求される新しい気運は、最も現実的な生々しい時代に吐息する大衆の活力と活動源である。

文明はすべてを合理化し、自主的精神はますます衰退に瀕し、自由は奪われようとしている今日、プレイブックスに課せられた役割と必要は広く新鮮な願いとなろう。

いわゆる知識人にもとめる書物は数多く窺うまでもない。

本刊行は、在来の観念類型を打破し、謂わば現代生活の機能に即する潤滑油として、逞しい生命を吹込もうとするものである。

われわれの現状は、埃りと騒音に紛れ、雑踏に苛まれ、あくせく追われる仕事に、日々の不安は健全な精神生活を妨げる圧迫感となり、まさに現実はストレス症状を呈している。

プレイブックスは、それらすべてのうっ積を吹きとばし、自由闊達な活動力を培養し、勇気と自信を生みだす最も楽しいシリーズたらんことを、われわれは鋭意貫かんとするものである。

―創始者のことば― 小澤和一

著者紹介

鴨下一郎〈かもした　いちろう〉

1949年東京生まれ。医学博士。ストレス社会の到来に備えて、31歳のとき心療内科医として日比谷国際クリニックを開設。「ストレス」という言葉が広まる前から治療に携わっている、日本におけるストレス治療の先駆者である。対症療法に加え、生活改善の指導や仕事への取り組み方、ものの考え方をトータルにケアすることにより、ストレスに負けない考え方・体質づくりを指導、多くの実績を残している。

著書に『「ふっと不安になる」がなくなる本』、『「眠れない」が治る本』、『心にゴミ箱をつくりなさい』などがある。

"いい人《ひと》" でも損《そん》しない生《い》き方《かた》　青春新書 PLAYBOOKS

2012年6月5日　第1刷

著者　鴨《かも》下《した》一《いち》郎《ろう》

発行者　小澤源太郎

責任編集　株式会社プライム涌光

電話　編集部　03(3203)2850

発行所　東京都新宿区若松町12番1号 〒162-0056　株式会社青春出版社

電話　営業部　03(3207)1916　振替番号　00190-7-98602

印刷・中央精版印刷　製本・フォーネット社

ISBN978-4-413-01953-8